주님은 다 아시니까

주님은 다 아시니까

장 경 애

한국교회문화사

차례

제 2 부 / 그리움이 향수가 되어

제 3 부 / 배우고 깨닫고 실천하고

제 4 부 / 주께로 한 걸음씩

프롤로그

프롤로그

내가 또 일을 내고 말았다. 첫 수필집을 발간한 것이 엊그제 같은데 벌써 만 4년이 지났다. 정말 모든 것이 하나님의 은혜로 이루어진 일이기에 감사밖에 할 말이 없다. 첫 작품을 출간한 후, 많은 사람의 많은 이야기가 있었다. "언제 〈남편이 있습니다〉가 나오느냐"는 약간의 장난기 서린 말부터 시작하여 "아직도 남편이 없냐"는 말까지…. 지금까지 '남편시리즈'는 꼬리를 물고 이어지고 있다.

어떤 사람은 마을도서관에 내 책이 있는 것을 보고 그렇게도 기뻤다고 하고, 서점에서 내 책을 보고 반가웠다는 말도 들었다. 그럴 때 부끄러운 마음이었지만 겉으로는 태연한 척했다. 그래 놓고는 또 다시 부끄러운 일을 저지르고야 말았다.

지난 번 책의 제목은 오래전부터 생각해 온 것이어서 다른 생각을 해볼 여지도 없이 〈나는 남편이 없습니다〉로 했는데 이번 책 제목에 대해서는 참으로 많은 생각을 하면서 결정했다. 나의 이런 고민까지도 다 아시는 주님께서 가르쳐 주시기를 원했다. 묵상이 깊어질수록 모든 것을 다 아시는 주님께서 책 제목을 〈주님은 다 아시니까〉로 하라고 말씀하시는 것 같았다. 사실 내 휴대폰 카카오톡 대문에도 늘 '주님은 다 아시니까'가 지키고 있다. 모든 것을 다 아시는 주님이시기에 맘이 편하다.

어린 시절부터 기도할 때면 하나님께 무엇이든 요구사항이 많았다. 아니, 많은 것이 아닌 기도 전체가 다 요구사항이었다. 그 요구사항은 만사형통이 내용이었다. 솔직히 나의 그 요구사항이 이루어지지 않으면 하나님은 내 기도를 들어주시지 않는다고 생각했다. 그러면서 모든 것을 다 아시는 주님이 내 맘을 더 잘 아실 텐데 왜 안 들어주시는지 섭섭할 때도 많았다.

그러고 보니 내 요구사항은 모두 내 편에서 볼 때, 너무도 이기적인 것이었다. 주님의 마음과는 너무도 다른 것들을 간구해 왔던 것이다. 정신을 차리고 생각해 보니 하나님의 뜻에 절충되는 기도는 아니었던 것을 발견했다. 그러면서 하나님은 어떤 자를 가장 사랑하시고, 좋아하시는지 생각해 보았다.

내 맘에 드는 하나님이 아닌 하나님 맘에 드는 내가 되어야겠다는 생각을 하면서 언제나 어디서나 하나님과 같이하면 그것이 만사형통이라는 깨달음에 '동행'이라는 단어가 생각났다. 찬송가 가사가 뇌리에 스쳤다. "주가 나와 동행하면서 나를 친구 삼으셨네. 우리 서로 받은 그 기쁨은 알 사람이 없도다" 또 "주 예수와 동행하니 그 어디나 하늘나라" 등의 동행과 관련된 찬송을 조용히 불렀다.

인생이 짧기에 하루에 벌어지는 일은 거의가 비슷한 내용이 많다. 그러나 한평생 사는 동안에 큰일을 몇 번은 반드시 겪는다. 그것은 가까운 사람의 천국 입성과 인간 세계의 입성이다. 한 마디로 죽음과 탄생이다.

나는 지난번 책을 출간한 후, 근 4년 동안 이 두 가지를 다 경험했다. 나의 사랑하는 아버지를 천국으로 보내드렸고, 또 귀한 손녀를 맞이했다. 아버지의 별세를 겪고는 죽음에 대한 생각이 많아졌고, 손녀의 탄생을 보고는 손주교 광신도가 되었다. 이런 일을 겪는 동안 고희를 맞았다.

그리고 두 번째 졸작을 출간한다. 먼저, 비록 졸작이지만 지금은 천국에서 주님과 함께 계시면서 나를 위해 기도하시는 나의 사랑하는 부모님께 이 책을 바친다.

내가 여기까지 오는 동안 나를 위해 알게 모르게 수고해 주신 분들이 많다. 제일 먼저 이렇게 글을 쓰도록 기도와 격려로 문단에 오르게 해 주신 조진형 목사님, 글을 쓰기만 하면 언제나 제일 먼저 피드백을 주신 이용호 목사님을 비롯하여 격려와 기도로 용기를 준 빛과소금교회 성도님들께 감사한다. 이 책이 출간하여 내 손에 들어오기까지 밤낮으로 수고해 주신 김 청 전도사님 수고하신 분들께 그리고 글을 쓰기만 하면 언제나 과분한 평으로 나의 자존감을 올려 주신 여러분께도 감사를 드린다.

무엇보다도 졸필을 응원하며 책을 출판하도록 도운 여전히 남의 편인 남편과 멀리 있지만 늘 나에게 힘을 공급하는 하나밖에 없는 사랑하는 딸과 사위도 고마울 뿐이다. 지금은 세 돌이 막 지난 어린이지만 내게 행복을 주고 삶에 기쁨과 의욕을 선물한 손녀 에이린 로이에게 할미의 이 끓는 마음을 전하고 싶다.

이 모든 생각과 일들을 주님은 다 아시니까 그저 감사하고 행복할 뿐이다. 모든 영광을 주님께 돌린다.

[봄이 무르익는 날에]

제1부

주 안에서 주와 함께

어디를 가든 무엇을 하든

주님과의 동행이라면

그곳은 천국이 아닐까.

인생은 길이다

1960년대, 내가 초등학교 6학년 때 음악책에 "… 길 가다 다칠라 한눈팔지 말아라. 한눈 장이 사고 장이 사고 장이 말썽 장이… " 이렇게 전개되는 〈길 조심〉이라는 제목의 노래가 있었다. 당시의 교통사고 발생률이 꽤 높은 우리나라 실정을 보여주는 동요이기도 했다. 노랫말이 재미있어 50여 년이 지난 지금도 노랫말을 기억하며 혼자서 흥얼거리다 보니 노랫말 속에 참으로 심오한 뜻의 교훈이 숨겨져 있는 것 같았다. 그 노랫말의 길은 다니는 길만이 아닌 인생길에도 적용되는 이중 메시지가 느껴졌다. 마치 인생길의 노래 같기도 했다.

우리가 살아가는 인생을 길이라고 말한다. 그러고 보면 찬송가 가사에도 인생을 길로 표현한 찬송이 많다. '괴로운 인생길 가는 몸이…'라든가 또 '갈 길을 밝히 보이시니…', '나의 갈 길 다 가도록…', '내 갈 길 멀고 밤은 깊은데', '어둔 죄악 길에서 목자 없는 양같이', '우리가 지금은 길가는 나그네' 등 찬송가 속에서도 인생은 길임을 보여준다.

인생은 길이다. 인간은 태어남과 동시에 인생길에 들어선 것이다. 원하든 원치 않든 일단 들어서면 멈추라 할 때까지 계속 가야만 한다. 이 인생길에는 길이 한 길만 있는 것이 아니다. 셀 수 없이 많은 길이 있다. 또한 쉬운 길도 있지만, 좁은 길, 넓은 길, 험한 길, 단순한 길, 가파르고 꼬불꼬불한 길, 위험한 길, 힘든 길도 있다. 때로는 달려가야 할 때도 있고, 걸어가야 할 때도 있다. 또 가다 보면 폭풍도 만나고, 뜨거운 태양도, 혹 사나운 짐승도 만나게 되고 사막 같은 길을 외롭게 혼자 갈 때도 있다. 때로는 포장이 안 된 자갈밭 같은, 늪지대 같은 길을 만날 수도 있다. 찬송가 가사에도 있듯이 험산 준령을 홀로 넘어야 할 때도 있다.

문제는 아무리 힘들어 포기하고 싶을 때도 싫든 좋든 포기하지 않고 그 길을 가야 한다는 점이다. 물건은 사서 맘에 들지 않으면 바꿀 수도 있고, 또 새로 살 수도 있지만, 인생은 그렇지 못하다. 멈추라고 할 때까지 그저 열심히 가야만 한다.

로망 롤랑은 "인생은 왕복표를 발행하지 않기 때문에 한번 출발하면 다시는 돌아올 수 없다"고 했다. 이처럼 인생길은 돌아올 수 없는 일방통행의 길이다. 인생은 한번 뿐이기에 더욱 조심하고, 신중히 선택해야 한다. 열심히 가다 보면 어느덧 종착역에 이르게 되는데 그곳에는 걸어온 길에 대한 상과 벌이 기다리고 있게 된다.

어떤 길을 택하여 가는가는 개개인의 목표와 개성과 취미와 적성에 따라 다르다. 자신이 선택하여 가는 길에 대해 만족할 수 있다면 좋겠지만, 동시에 두 길을 갈 수 없고, 갈 수 있는 길은 오직 한 길이기에 가지 못한 수많은 길에 아쉬움과 미련이 있을 수 있다. 많은 사람이 살아가는 인생살이 속에서 일이 잘 풀리지 않을 때, 하던 일의 성과가 없을 때, 갈등하며 포기했던 일에 대한 미련이 있을 때 다른 사람의 길은 탄탄대로인 데 반해 자신의 인생길은 너무 험난하다고 생각한다. 물론 그럴 수도 있다. 그러나 길을 갈 때 처음부터 자신의 적성에 맞게 가고픈 길을 바르게 선택하여, 잘 닦으면서 갔더라면 후회도 적을 것이고 골인 지점에서의 만족지수도 높을 것이다.

누구나 자신이 가는 길은 곧고 바르고 평탄하게 포장된 넓은 길을 원할 것이다. 그러나 너무 곧고 평탄하면 자신도 모르게 과속할 위험도 있고, 심심한 나머지 졸음이 오기도 한다. 이렇게 되면 험악한 길을 가는 것보다 더 큰 사고가 생길 수도 있다. 그리고 사고로 인해 돌이킬 수 없는 상황에까지 이르기도 한다. 그래서 너무 평탄한 길에는 지정속도를 정해 놓았고 또 과속방지턱을 만들어 놓았다. 글자 그대로 과속을 미리 방지하는 장치다. 또한 신호등이 설치되어 있다. 자기가 가려는 차선을 따라 신호등 불빛을 주시하고, 과속방지턱도 잘 이용하면서 지정속도로 목적지를 향하여 가면 된다. 그렇게 할 때 목적지까지 시간이 좀 더 걸려도 무사하고 안전하게 다다를 것이다.

마찬가지로 우리가 살아가는 인생길도 평탄하고 쉽게 가기를 원하지만 평탄하고 쉬운 길이 결코 좋은 것만은 아니다. 인생길이 너무 평탄하면 나태와 교만이 따르기 쉽다. 자신의 길에 정진하기보다는 다른 길을 기웃거리다 정말 가야 할 길을 잃고 방황하다가 사고를 당하기도 한다. 그래서 인생길에도 마찬가지로 신호등, 과속방지턱, 속도 제한을 잘 지키며 가야 한다.

다니는 길에서와 마찬가지로 짧은 인생을 살아가면서 자기의 길이 아닌 다른 길에 매력을 느끼고 거기를 기웃거리며 다른 길에서 요행이나 행운을 찾다가 낭패를 당하기도 하는데 이것은 동요의 가사처럼 한눈을 팔다가 사고를 겪게 되고 이 사고는 결국 돌이킬 수 없는 무서운 결과를 가져와 인생을 망치게도 한다.

하나님을 경외하며 사는 성도는 삶의 목표가 뚜렷하고 그 목표를 하나님께 두기 때문에 한눈을 팔 수가 없고 또 팔아서는 안 된다. 그것은 너무도 값지고 정확한 신호등인 하나님의 말씀이 있기에 그 말씀 따라 살아간다면 사고는 절대로 있을 수 없다. 한눈을 팔 수도 없다. 아니 한눈팔 필요도 없다. 그러니 사고장이가 되는 일은 절대로 없다. 사고장이가 아니니 말썽장이는 더더욱 되지 않는다. 그저 안전하기만 할 뿐이다.

"… 길 가다 다칠라 한눈팔지 말아라. 한눈 장이 사고 장이 사고 장이 말썽 장이… " 너무도 교훈이 되는 이 노래 가사를 다시 읊조려 본다. 나는 얼마나 한눈을 팔았으며, 사고는 얼마나 있었는지…. 혹 많은 사람에게 피해를 준 말썽장이는 아니었는지 살아온 길을 되돌아보며 남은 인생길은 주님의 손을 잡고 말씀에 의지하여 살 것을 다시 한번 다짐한다.

빌립보서 3:14에서 바울이 고백한 것처럼 나도 푯대를 향하여 그리스도 예수 안에서 하나님이 위에서 부르신 부름의 상을 위하여 남은 인생길을 달려가리라. 믿음을 지키며 나의 달려갈 길을 잘 달려간다면 디모데후서 4:8에서 말한 것처럼 나에게도 의의 면류관이 예비 되어있을 것이니까.

[20240202]

바보 할미의 손녀 사랑 ①

난 요즘 손녀 사랑에 푹 빠져 산다. 그도 그럴 것이 고희를 몇 년 앞둔 나이에 첫 손녀를 보았기 때문이다. 유감스러운 것은 손녀가 태어난 후 백일 정도는 함께 지냈지만 지금 손녀가 내 곁에 없다는 점이다. 손녀와 내가 같은 하늘 밑에 있지 아니하기에 손녀를 향한 내 사랑은 절절 끓고 있으나 만질 수도, 볼 수도 없는 것이 서운하기 이를 데 없다. 맘에 드는 사진을 벽에 붙여 놓고 보고 또 보며 미국에 있는 손녀가 마치 바로 옆에 있는 양 사랑을 퍼붓고 있다.

손주가 생기기 전에는 손주가 얼마나 예쁜지 잘 몰랐다. 이해하고 안다고 하지만 그것은 안다고 여길 뿐이다. 내가 그랬다. 실제로 손주가 생기고 나니 그 전의 생각은 지금의 생각을 따라갈 수 없다는 것을 확실히 알았다. 이런 손주 사랑은 비단 나 뿐만이 아니다. 내 친구들의 휴대폰을 보면 그것을 더 확실히 알 수 있다. 거의 다가 그렇다고 해도 될 정도로 손주 사진으로 도배를 하고 있고, 모이면 시간 가는 줄 모르고 손주 자랑에 흠뻑 빠진다. 좀 주책스럽게, 그리고 염치도 없이 손주 자랑질이다.

손주가 있는 사람은 누구나 다 아는 재미있는 이야기가 있다. 그것은 할아버지 할머니의 대다수는 손주 바라기, 혹은 손주 바보가 된다는 것이다. 나도 그 대열에 드디어 끼게 되었으니 얼마나 기쁘고 감사한지 말로 다 할 수 없다. 바보라고 흉봐도 좋다.

이 땅에 존재하는 아기들은 모두 다 예쁘고, 귀엽지만 그중에서 가장 예쁜 아이를 말하라고 하면 노인 대다수는 자기 손주가 가장 예쁘고 귀엽다고 이구동성으로 외친다. 그리고 나아가 "내 손주는 객관적으로도 예쁘다"라고 말함과 동시에 "눈에 넣어도 안 아플 것"이라는 멍청한 말까지 서슴없이 한다. 보는 눈과 마음이 모두 완전히 바보 그 자체다. 나는 아니라고 생각하는 할머니, 할아버지가 있다면 그것은 자기를 속이거나 속고 있는 것이 틀림없다. 이 말은 그만큼 손주 사랑이 넘친다는 말이다. 나도 예외가 아니다. 오죽하면 '손주 자랑하려면 돈을 내놓고 하라'는 말까지 생겼겠는가. 그것도 자랑 수준에 따라 금액이 정해진다고 한다. 그래서 '돈 많이 벌어놓고 손주를 보아야 한다'라는 말까지 생겼다. 그런데 이 말도 이제 옛말이 되어 버렸다. 지금은 듣는 사람이 손주 자랑 제발 그만하라고 돈을 거두어 손주 자랑에 빠진 사람에게 주어야 한다고 하니 손주를 둔 사람의 손주 사랑은 끝이 없다는 말이다.

더욱이 나는 늦은 나이에 생긴 손주라 그런지 그 사랑이 더 진하고 애절하다. 체력은 딸려 조금만 안고 있어도 팔이 쑤시고 아프지만, 하루하루 성장하는 모습도 그러하려니와 꼬물거리는 그 모습과 수정보다 더 맑게 빛나는 눈빛과 그 미소는 팔 쑤심과 피곤함을 다 녹여 버리고도 남는다.

손녀의 어미인 내 딸을 보고 웃는 맑은 미소와 화사함보다 할미인 나를 보고 웃는 모습을 보면 더 예쁘다. 딸이 질투할 정도다. 그래서 손주는 행복 영양제이며 항우울증의 명약이라는 말까지 생긴 것 같다.

분명한 것은 조부모는 손주에게 커다란 치마폭이다. 그곳은 아이가 피할 수 있는 도피처가 되기도 하고, 눈물을 닦아주는 안식처가 되기도 한다. 어린 시절을 생각해 보면 부모에게 꾸중을 듣거나 야단맞을 때도 할아버지 할머니는 나의 도피처가 되었다. 조부모는 무슨 잘못을 해도 따지고 혼내기보다 무조건 용서하고 무조건 받아주신다. 그래서 조부모와 함께 사는 아이는 버릇이 없는 아이가 되기도 하지만, 또 사랑을 많이 받고 자라서인지 오히려 인정도 많고 노인 공경을 배우는 장점도 있다.

내 딸 역시 그러했다. 나의 엄마가 매우 편찮으실 때 딸인 내가 여건이 허락하지 않아 병구완하지 못했을 때도 나의 딸이 나보다 더 자상하게 할머니 병간호했던 모습이 지금도 눈에 선하다. 나의 딸은 지금도 돌아가신 할머니 사랑을 이야기하면서 그리움에 눈시울을 붉히기도 한다.

할머니의 손주 사랑은 뇌에 새겨진 것이며, 때로는 내가 직접 낳은 자식 사랑보다 크다는 연구 결과가 있다. 미국 에모리대 연구진은 3~12살의 어린 손주를 둔 할머니 50명의 뇌를 기능적 자기공명 영상법(fMRI)으로 촬영했는데 실험대상 할머니는 손주 사진을 본 뒤 뇌의 감정이입 영역이 강력하게 활성화되었다는 것이다. 손주가 웃는 사진에서는 기쁨을, 우는 사진에서는 할머니 뇌도 고통과 스트레스를 느꼈으며, 특히 일부 할머니는 직접 낳은 자식 사진을 봐도 손주 사진만큼 강력하게 뇌의 감정이입 영역이 활성화되지는 않았다고 한다. 또한 이 연구를 이끈 제임스 릴링 박사는 "할머니가 손주를 돌볼 때는 엄마로서 자식을 키울 때 가졌던 시간적, 경제적 부담이 훨씬 적었다"라고 말하면서 "엄마보다 할머니인 걸 훨씬 즐겼다"라고 덧붙였다. 이렇게 볼 때, 할머니는 손주의 훌륭한 양육자의 자질이 있다. 할머니가 되는 것은 복 중에 큰 복이다.

손주의 성장하는 모습을 보노라면 여러 가지 생각이 뇌리를 스친다. 나의 유아기를 상상해 보기도 하고, 딸의 어린 시절의 모습을 그리며 사진첩을 꺼내 비교해 보기도 한다. 그러다 보니 때로 손주의 이름을 부른다는 것이 딸의 이름을 부르기도 하고, 반대로 딸의 이름을 부른다는 것이 손주의 이름을 부르기도 한다.

내 손녀는 주님을 위한 사역자들 속에서 태어났다. 친할아버지와 외할아버지 두 분이 목사님이고, 아빠와 엄마도 목사님이다. 이렇게 태어난 사람은 거의 없을듯하다. 그러니 우리 손녀는 축복으로 가득한 축복 속에서 태어나고 축복 속에서 자랄 것이니 얼마나 큰 축복인가.

나의 손녀는 참으로 많은 별명이 있다. 모두가 다 내가 지어준 별명이다. 눈이 너무도 똘망똘망하여 '똘망이', 눈빛이 초롱초롱하여 '초롱이', 잠시도 쉬지 않고 꼬물거리는 모습이 너무 예뻐서 '꼬물이'라고 하기도 한다. 그리고 무엇보다 머리 모양이 공처럼 둥글어 '짱구'란 별명까지 지니고 있다. 이 별명은 내가 어렸을 때 들었던 별명이기도 하다.

나의 손녀가 주님께 사랑받는 딸로 자라 주님 나라에 쓰임 받는 사람이 되도록, 그리고 무엇보다 이름처럼 하나님과 평생 동행할 것을 매일 간절히 기도드린다. 그렇게 기도하고 나면 손녀 사랑이 더욱 커지고 깊어진다. 말로 다 표현할 수 없는 사랑이다. 그러나 이 모든 것들은 주님이 주관해 주실 것이기에 주님께 모든 것을 맡긴다.

바보 할미의 손녀 사랑은 이처럼 끝이 없다. 그러나 우리를 향한 하나님의 사랑과 비교될 수는 없겠지!

[20220902]

목사와 가운

시간은 인간의 희로애락이나 상황에 아랑곳없이 같은 속도로 흐른다. 37년이라는 길다면 긴 세월 동안 오직 목양에만 열중하며 달려가는 남편의 뒷바라지를 하다 보니 어느새 종착역에 서 있었다. 그 후, 너무도 달라진 새로운 생활 속에서 시간의 도도함은 어느덧 한 해의 절반 시점에 서 있는 나를 발견하게 해 주었다.

남편 목사의 은퇴는 나에게도 생각지 못한 변화를 가져다주었다. 현직에 있을 때, 은퇴하는 목사님을 보면 정년이 되어 은퇴하는 것이라 당연하게 여기며 대수롭지 않게 보아왔다. 그러나 정작 내가 겪고 보니 그전에 아무 것도 아니었던 작은 것까지 신경 쓰이고 실제로 마음의 준비를 하지 못한 미련함이 나를 깨닫게 한다.

목회자의 은퇴는 세상 사람들의 은퇴와는 사뭇 달랐다. 일반적인 은퇴는 다니던 직장을 그만두는 것뿐이다. 그러나 목회자는 직장 즉 목회를 그만두는 일 외에 여러 가지 변화가 있다. 살던 집을 떠나야 한다. 아니, 오랜 세월 정들었던 익숙한 터전을 두고 다른 곳으로 옮겨야 한다. 이것은 그동안 쌓아온 인간관계의 단절도 의미한다. 무엇보다 정들었던 교회도 떠나야만 한다. 이러한 현실을 직시하며 받아들이기는 하지만, 마음 한구석엔 서운함과 함께 아쉬움이 고개를 든다. 무엇보다 금요일 저녁부터 주일 맞을 준비로 긴장했던 일들이 그립기 시작한다. 그리고는 40여 년이라는 짧지만 긴 기간의 정들었던 희로애락의 많은 일이 하나씩 떠오른다.

그중에 가장 내 맘에 맴돌고 있는 것은 남편의 목회 역사를 고스란히 품고 있는 가운이다. 주일 아침 예배 때마다 입었던 그 가운도 남편 목사의 은퇴와 함께 자신의 임무를 마치고 은퇴했다. 내가 가운을 이야기하는 것은 가운에 대한 성경적 의미를 찾으려고 한다거나 가운에 무슨 특별한 의미를 부여하려는 것이 아니다. 다만 그 가운은 남편의 목회 여정 가운데 주일마다 하나님 말씀을 대언할 때, 성찬식이나 세례식 같은 거룩한 성례를 집례할 때 언제나 입었던 옷이기에 낯설지 않고 친근하고 애틋함이 내 마음을 울리기 때문이다. 그리고 비록 낡고 헐어 보잘것없어 보이지만 남편 목회를 한 마디로 보여주는 거룩한 옷(聖衣)이라는 생각이 들기 때문이다.

가운은 그 직업이 어떤 직종인지 알게 하고 또 그 역할을 빛나게 한다. 법관이 법정에서 법복을 입고 법을 집행하는 것을 보면 그 위엄이 넘친다. 약사가 가운을 입고 약을 짓는다거나, 가운을 입은 의사가 환자를 진찰하면 신뢰가 더 가게 마련이다. 또한 가운을 입고 성가를 부르는 찬양대를 보면 그냥 서로 다른 옷을 입고 부를 때보다 더 은혜로웠다. 마찬가지로 목사님이 설교할 때 가운을 입고 설교를 하면 가운을 입은 목사님에게서는 엄숙함과 거룩함이 느껴져 말씀에 은혜가 더 쏟아지는 것처럼 느껴진다.

요즘은 '너무 권위적이다.' 혹은 '이교도적이다'라는 등의 여러 가지 이유로 예배 때 가운을 입지 않는 목회자가 많아지고 있지만, 내 남편 목사는 37년 목회하는 동안 주일 설교 때마다 특별한 경우를 제외하고는 항상 가운을 입었다.

남편의 가운은 너무도 단순하고 평범했다. 그러나 그 가운은 마음에 평안을 가져다준 가운이었다. 긴 목회 여정에 동고동락했던 가운이 이제 자신의 할 일을 다 마치고 사라져야 하는 노병처럼 보여 뭔지 모를 마음에 전율이 느껴졌다. 사람이 한 가지 옷을 한두 해만 입어도 정이 드는 법인데 37년을 함께 했으니 자신도 모르는 사이 깊은 정이 들었나 보다. 물론 계절에 따라 계절에 맞는 가운을 번갈아 가며 입었지만, 그 가운 속에는 목회 여정의 모든 것이 배여 있다 해도 과언이 아니다. 나 역시 그 가운을 보기만 해도 남편 목사의 설교하는 모습이 보이고 하나님의 말씀을 대언하는 위엄있는 목소리가 들리는 것만 같다.

이 가운을 물끄러미 바라본다. 설교하는 남편 목사의 모습이 보인다. 목회자는 설교 때문에 울고 웃는다. 때로는 설교 때문에 수치도 당하지만, 기쁨과 보람이 있다.

남편의 가운은 남편의 목회 역사를 보여주는 귀중한 유물이다. 그 가운은 남편 목사의 오직 외길로 목회하는 동안 일평생 함께 해 온 손때 묻은, 희로애락을 다 함께 겪은 귀한 옷이다. 그 가운은 남편 목사의 체온과 입김과 사상의 잔재가 묻어있는 소중한 옷이다. 그리고 그 가운은 하나님의 음성과 내음이 담긴 옷이다.

나는 내 남편이 가운 입은 모습을 좋아한다. 그 가운을 입고 있으면 저절로 거룩해지는 것만 같다. 그리고 순전히 내 주관적인 생각이지만, 목사 가운을 입은 남편의 모습은 마치 남편을 위해 생긴 옷이라는 생각이 들 정도로 잘 어울리고 멋있다. 나와는 그야말로 성정이 다른 사람으로 보이고, 다소 까다로운 남편이지만 아주 부드러운 느낌이 든다. 그래서 어떨 때는 장난스럽게 '집에서도 가운을 입고 있으면 좋겠다'라고 익살스러운 말을 하기도 했다. 그런데 이제 그런 가운을 입은 멋진 모습을 보기 힘들 것 같다. 그래서 좀 생뚱맞은 생각을 해 본다. 아니, 생뚱맞기보다는 멋진 생각을 해 본다.

그 멋진 생각이란 다름 아닌 그 유서 깊은 가운을 내 딸 목사에게 물려주었으면 하는 생각이다. 자신의 아버지가 목회하며 평생 입었던 귀한 것이기에 딸 목사가 물려받는다면 그 가운은 더 뜻있고 더 의미 있지 않겠는가?

그리고 또 다른 생각은 이 가운을 남편이 이 세상에서 입는 마지막 옷으로 하면 좋겠다. 이 세상을 살아가는 사람이라면 그 누구도 피할 수 없이 반드시 겪어야 하는 것이 죽음인데 이때 입는 옷이 이 땅에서 마지막으로 입는 옷이기에 이 옷에 큰 의미를 두기도 한다.

그런 의미에서도 내 남편 목사의 마지막 옷(壽衣)은 평생 생사고락을 같이한 가운이 최적의 옷이 아니겠는가. 이 땅에서 마지막으로 입는 옷이 자신이 살아온 삶의 모든 것을 대변해 줄 수 있다면 이보다 더 의미 있는 것은 없을 것이기 때문이다. 그렇게 볼 때, 목사들에게 최고의 수의는 가운이다.

내 남편 목사뿐만이 아닌 모든 목사님은 이 세상을 떠날 때 입는 옷은 세상 사람들이 입는 일괄된 그런 옷이 아닌, 목사의 사역에 필수적으로 동행한 그 옷, 가운으로 하도록 권하고 싶다. 이 얼마나 은혜롭고 영광스러운 모습일지 상상만 해도 숙연해진다.

[20220704]

배신, 사순절에 생각한다

사순절 절기가 되면 인간을 사랑하시되 독생자 아들을 희생시키면서까지 인간을 향하신 가없는 하나님의 사랑과 죄 많은 이 땅에 오셔서 십자가를 지셔야만 했던 예수님의 다함 없는 사랑을 생각하게 된다. 또 한 편으로는 정반대되는 가룟 유다의 배신이 떠오른다. 가룟 유다는 예수님의 열두 제자 중 한 사람이었지만 오고 오는 세대에 배신자의 대명사가 되었다. 단테의 신곡에 보면 지옥 맨 밑에 있는 가룟 유다의 죄목은 '배신'이었다.

그래서 금번 사순절에는 이 배신 혹은 배반에 대해 더 생각하고 새기고 싶다. 배신과 배반을 굳이 비교하자면 '배신'은 신의를 저버리는 것이고 '배반'은 신의를 저버리고 돌아서는 것이다.

그러나 이것을 구태여 구분할 필요는 없다. 이 두 가지 모두 신의와 믿음에 대한 긍정적인 단어는 결코 아니기 때문이다. 가룟 유다는 스승인 예수님에 대해 믿음과 의리를 저버리고 돌아서려는 마음을 가지고 있다가 예수님을 팔아넘기는 행위로 배반과 배신을 실천했다.

배신행위의 근원적인 원인은 생존본능이라고 한다. 원래 인간은 이기적이어서 자기와 이해관계가 어긋나면 아무리 큰 은혜를 입었어도 배은망덕하게 자기 유익을 위해 돌아서기 잘한다. 배신은 자기 기분, 자기 이익, 자기 판단으로부터 나오기에 거짓이라는 단어와 함께 시대를 막론 하고 이 사회에서 가장 악한 것으로 난무하는지도 모른다. 그렇기에 원하든 원치 않든 수많은 배신의 경험 속에 살아가는 것이 인생살이다. 일생에 한 번도 배신하지 않거나, 배신당한 적이 없는 사람이 있을까? 없다고 단언하고 싶다.

내 남편 목사는 한 교회에서 40년 가까운 긴 세월 동안 목회하고 은퇴했다. 이제 고백하자면 목회하는 동안 수도 없이 겪은 일 속에는 배신의 경험도 많았다. 교회를 등지고 떠나야 할 위험에 처한 적도 여러 번 있었다. 그러나 그때마다 도우시는 은혜로 정년을 잘 마치고 은퇴했으니 감사할 뿐이다.

이 교회에 부임을 결정했을 때, 여러 선배 목사님 그리고 집안의 어른들이 이런저런 조언을 해 주었다. 그중에는 내 좁은 머리로는 도저히 이해할 수 없고, 상상할 수도 없는 그야말로 말도 안 되는 격언 같은 말 하나가 있었다. 그것은 부임할 때 짐을 싸 준 사람이 제일 먼저 짐을 싸서 보낼 사람이니 조심하라는 것이었다. 다시 말해 부임을 가장 앞장서서 반기고 환영한 사람이 가장 먼저 배신할 것이라는 말이었다.

막 30살이 된 초년의 목사 아내로서는 아무리 생각해도 이해되지 않았다. 우리가 잘못하지 않고 바른 길로 간다면 그럴 일은 전혀 없을 것이라는 순진한 생각을 했었다. 그리고 혹 목사님 자신의 잘못으로 교회를 떠나게 되었을 때 이를 인정하기보다는 변명 또는 핑계가 필요해서 생긴 어불성설이라 생각했다. 그래서 우리를 위해 조언한 분들을 이상하게 생각하며 마음에 두지 않았다. 그런데, 그런데 이 말은 진리였다.

배신은 멀리 있는 사람, 잘 모르는 사람으로부터 당하는 경우는 극히 드물다. 배신은 주로 가장 가까운 사람, 믿었던 사람에 의해 겪게 된다. 인간은 서로서로 사랑의 대상이지 믿음의 대상이 아님을 살면 살수록 더 실감한다. 하늘같이 믿었던 사람으로부터 배신을 당하면 그 엄청난 충격에서 헤어나오지 못하고 파탄의 인생을 사는 사람도 보았다. 아니, 이 땅을 스스로 등지는 사람도 보았다. 심지어는 부모와 자식 간에도 그렇다. 그렇게 나 없으면 못 살 것 같았던 사람도, 친구도 배신하는 경우가 얼마나 많은가?

이처럼 배신은 무서운 것이지만 우리 가까이에 있다. 한 생을 살아가면서 본의 아니게 셀 수 없는 배신 속에서 살아간다. 배신에는 크고 작은 계획적인 배신도 있지만, 그보다는 무의식 속에 당하는 배신도 많다.

그러나 그 많은 배신 중에서 무엇보다도 견딜 수 없는 배신은 자기 자신에게 당하는 배신이다. 아니, 이 배신은 사실 자기 자신이 하는 배신이다. 그렇게 볼 때, 우리는 하루에도 얼마나 많은 배신 감정을 느끼며 사는지 모른다. 이것이 무슨 뚱딴지같은 말이냐고 반문할지 모른다. 그러나 지나간 날을 돌이켜 보면 시간에 있어, 감정에 있어, 생각에 있어 만족하는 사람이 많지 않을 것이다. 하루를 돌이켜 후회할 일이 많다는 것은 해야 할 일을 하지 않은 것이나, 하지 않아야 하는 생각과 행동을 한 것은 모두 다 자신에게 저지른 배신행위이다. 온전한 인간은 지·정·의가 일치된 사람을 말하는데 때로 자신의 감정을 억제하지 못하여 정(情)으로부터 받는 배신감이 지(知)와 의(意)를 삼켜 버릴 때도 있다.

사순절을 맞이하여 이 배신에 대해 다시 한번 생각해 본다. 니

체는 "세상에 모든 것은 다 해도 배신만은 하지 말아야 한다"라고 했다. 그런데 가룟 유다는 살면서 하지 말아야 할 것을 하였다. 그것도 자기 스승을 배신하고 배반했기에 배신자의 대명사로 낙인되고 말았다. 또한 셰익스피어는 "배반당하는 자는 상처받지만, 배반자는 더 비참한 상태에 놓인다"라고 말했는데 이것을 가장 잘 증명한 인물이 가룟 유다였다.

배신과 배반의 행위는 자신에게 일시적인 이익이 될지 모르지만, 그 배신자를 제외한 나머지 많은 사람과 배신당한 당사자에게 주는 피해는 매우 커서 심하면 파멸에까지 이르게 한다. 그래서 배반자를 '금수만도 못한 사람' 혹 '짐승의 탈을 쓴 인간'이라 칭한다 해도 과한 것이 아니다. 어쩌면 인간이 저지를 수 있는 모든 악행 중에 가장 악한 것이 배신과 배반인지도 모른다.

이렇게 더럽고 무서운 악행을 예수님도 제자로부터 당하셨다. 물론 이 배반은 가룟 유다만이 한 것은 아니다. 수제자인 베드로는 이보다 많은 세 번이나 예수님을 배반했다. 그런데 베드로는 회개하고 남은 인생을 주를 위해 배반을 갚는 삶을 살다 순교했지만 가룟 유다는 회개하기보다는 그토록 소중히 여기던 은전을 성전에 뿌리고 스스로 죽고 말았다는 점이 다른 점이다. 예수님의 마음이 어떠하셨을까를 생각해 보면 가슴이 미어진다.

수제자 베드로도 배신했는데 우리는 어떠한가? 또한 예수님도 당한 배신이라면 우리는 어떠한가? 가룟 유다를 향하여 '어떻게 자기 스승이신 예수님을 배반할 수 있었을까'라며 정말로 있을 수 없는 일이라고 욕하지만 나는 절대로 그럴 인간이 아니라고 자신 있게 말할 수 있을까? 나는 과연 가룟 유다보다 나은 사람일까? 가룟 유다의 배신은 결코 예수님 시대에만 국한된 일이 아니다. 지금도 계속되고 있는 우리의 모습이다.

이제 후로는 가룟 유다 같은 배신자의 길을 가지 않도록 결단하고 노력해야겠다. '태어나지 않았으면 더 좋았을 사람'이 결코 되어서는 안 되겠다. 또다시 나로 인해 십자가의 고통을 드리는 그런 어리석음이 없도록 마음을 다지고, 성령의 도우심을 구하며 사순절을 보내고 싶다.

[20220323]

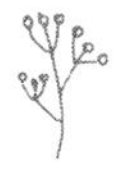

주님은 다 아시니까

세상엔 평생을 지니고 싶도록 좋은 문구, 자신의 좌우명이 될 문구, 유명인의 격언 등 인생의 좌우명이 될만한 문구가 수도 없이 많다. 이러한 문구는 무언으로 한 사람의 인생을 이끌어 주는 힘이 되기도 하고 인생관 확립에 도움을 주기도 한다. 그렇기에 자신의 처지와 형편과 이상에 따라 좋아하는 문구는 제각각이다. 나에게도 때에 따라 용도에 맞게 좋아하는 문구가 여럿 있었다.

그런데 내가 요즘 가장 좋아하고 늘 되뇌는 문구는 바로 '주님은 다 아시니까'라는 말이다. 어느 날, 여고 동창으로부터 한 통의 전화를 받았다. 내 카톡 프로필에 적어 놓은 '주님은 다 아시니까'라는 말이 무척 마음에 와닿았다고 한다. 그 글을 보는 순간 갑자기 가슴이 뭉클해지며 뭔지 모를 든든함이 생기고 그렇게 포근하게 느껴졌다고 말하는 것이었다.

현대인은 외롭다고 한다. 이런 시대에 누군가가 나를 알아주면 행복하다. 어쩌면 이 세상에 가득한 아우성과 다툼은 나를 알아 달라는 항거인지도 모른다. 누군가가 나를 알아준다는 것을 알면 외로운 세상이지만 혼자가 아니라는 든든함과 여유가 생긴다. 그중에서도 내가 좋아하는 사람이 나를 알아주면 더 말할 필요가 없다. 그 사람이 부모일 수도 있고, 친구일 수도 있고, 형제일 수도 있고, 스승일 수도 있다.

그런데 유한한 존재인 사람은 언제나 변할 수 있기에 어제의 친구가 오늘은 원수가 되기도 한다. 그렇기에 완벽하게 믿을 사람은 이 지구 위에 없는지도 모른다. '너 없으면 못산다'라고 하여 결혼하였지만 얼마 후엔 '너 있어서 못 살겠다'라고 하기도 하니까 말이다.

그러나 영원히 변치 않는 분이 계신다. 그분은 나의 일거수일투족을 다 보고 계신다. 내 머리털을 세심은 물론 내 생각까지 다 아시는 분. 바로 나를 세상에 보내시고 저 영원한 나라에 이를 때까지 지키시고 인도하실 주님이시다.

그 주님은 내가 마음이 울적할 때도, 속상할 때도, 기쁠 때도 내가 겪는 모든 것을 다 보고 계시는 분이시다. 그런 주님은 나보다 나를 더 잘 아시는 분이시니까 모든 것들을 해결해 주시고, 이끌어 주실 것이다. 나를 사랑하시는 주님은 다 아시니까 말이다. 다 아시는 분이시니까 내가 더 이상의 설명도, 해설도 필요 없다. 그저 그분을 의지하고 맡기기만 하면 된다.

때로 세상이 두렵고 불안할 때도 있다. 현재 당면하고 있는 문제를 보면 도무지 평안을 찾을 수가 없다. 그 무엇도 그 누구도 하나님의 사랑에서 나를 끊을 수 없고 또한 하나님의 그 사랑은 변함이 없는데 그 사랑을 잊고 방황하기도, 멍청해지기도 한다. 그러할 그때도 다 아시는 주님을 생각하면 안심이 되고 해결이 되건만 다 아시는 주님을 생각하기보다 당면한 문제를 더 크게 보는 나의 불신앙이 문제다. 주님은 다 아시는데…

힘들고 고통스러울 때만 다 아시는 것이 아니라 행복할 때도, 아플 때도 나의 모든 것을 다 아시는 분이 나의 주님이시다. 그렇기에 아무리 어렵고 힘든 일이 닥친다 해도 내 형편과 처지를 다 아시는 주님만 계신다면 이겨낼 수 있다는 용기를 갖게 된다.

이 세상을 살아가는 동안 오해로 인해 억울하고 분한 일을 한 번도 겪지 않은 사람은 없을 것이다. 나 역시 예외는 아니다. 이럴 때 그냥 묻고 넘어가기보다는 어떻게든 진실을 밝히고 오해를 풀고 싶어진다. 그렇게 해야만 될 것 같은 심정이다.

그러나 "감추인 것이 드러나지 않는 것이 없고 숨은 것이 알려지지 않을 것이 없느니라"라는 주님의 말씀을 생각하며 마음을 달랜다. 모든 일은 다 드러나게 되어있다. 아니, 안 드러날 수도 있다. 그러나 무슨 오해를 받는다고 해도 참고 기다릴 수 있는 것은 다 아시는 주님이 계시기 때문이다. 그냥 진실을 몰라주는 것이 야속했던 때도, 사방으로 우겨 쌈을 당할 때도, 한 치 앞도 안 보이는 절박한 상황일 때도, 내 곁엔 아무도 없는 것 같은 적막감과 외로움이 나를 감쌀 때도 주님은 다 아시니까 참을 수 있다. 주님은 나보다 나를 더 잘 아시니까 더 좋은 길로 인도하시고 해결해 주실 것을 믿기 때문이다.

그러나 주님이 다 아신다는 것이 용기와 힘만 되는 것은 아니다. 그것은 다 아시는 주님이시니까 내가 간혹 나쁜 마음을 먹는 것도 다 아신다. 그리고 내가 짓는 죄도 다 아신다는 점이다. 그래서 때로는 부끄럽기도 하고, 벌을 내리실까 두렵고 무섭기도 하다. 그렇기에 다 아시는 주님이 나를 붙잡고 계셔서 죄를 덜 짓게 하고, 조금이라도 조심하여 살게 한다. 그래서 더욱 감사하다.

아주 어릴 적의 일이다. 자주 듣는 이야기도 새삼스럽게 마음에 꼭 들어올 때가 있다. 교회학교에서 주님은 어디나 계셔서 나의 모든 행동을 다 알고 계신다는 말씀을 마음 깊이 듣고 온 날. 나는 나의 엄마께 이런 말을 했다. "엄마, 하나님은 어디나 계셔서 나의 모든 것을 다 보고 계신다는데… 이 세상에 이렇게 많은 사람이 있는데 어떻게 나를 볼 수 있는지 하나님은 참 대단하신 분이셔요"라고. 그러면서도 혹시 하나님이 모르는 곳도 있지 않을까라는 생각 속에 전깃불이 없어 한 치 앞도 보이지 않는 깜깜 한 곳에 내가 있으면 모르지 않겠냐고 물었다. 엄마는 한 마디로 무소 부재하신 하나님, 전지전능하신 하나님을 잘 설명해 주셨다. 그 사실은 어린 내게 든든한 힘이 되었고, 지금까지 나를 지탱하게 한 원동력이 되었다.

'주님은 다 아시니까'라는 말은 생각하면 생각할수록 든든한 말이고 행복한 말이다. 그러나 문제는 다 아시는 주님께 온전히 맡겨야 하는데 그렇게 온전히 맡기지 못한다는 점이다. 다 아시는 주님께 맡기고 싶으나 내 자아가 그것을 그리 쉽게 내려놓지 못하게 하기 때문이다. 머리로는 그렇게 생각하려 하건만 나도 모르게 내려놓았던 것을 다시 집어 드는 미련을 떨 때가 얼마나 많은지 모른다. '주님은 다 아시니까'를 생각하며 인내하며 담대하게 힘을 내야 함에도 불구하고 또 다시 염려와 근심과 걱정 속에서 괴로워하는 못난 나의 모습을 본다. 그러다가 이런 못난 모습까지 다 아시는 주님 앞에 조아린다. 그리고 노력한다.

언제나 어디서나 나를 지켜보고 계시는 주님 덕분에 나를 이만큼 지키고 살아온 것은 감격할 은혜다. 그래서 다 아시는 주님께 나를 맡기고 한 걸음 한 걸음 주님께로 가고 있다. 그리고 그렇게 갈 것이다. 그날까지.

[20180607]

즐겨 부르는 찬송이 있습니까

누구나 자기가 좋아하는 것이 있다. 그것이 어떤 것인지를 막론하고 무엇에든지 선호가 있게 마련이다. 그래서 때로는 분야별로 자신이 가장 좋아하는 것이 무엇인지 생각해 보게 된다. '나는 무엇을 좋아하나?' 그리고 그것에 대해 질문을 받기도 한다. 아무 생각 없이 지내던 것들에 대해 그런 질문을 받으면 정말로 내가 가장 좋아하는 것이 무엇인지 생각해 보게 된다.

성도에게는 성경 구절 중에서, 그리고 찬송가 중에서 특별히 자신만이 좋아하는 것이 있을 것이다. 그래서 그 성경 구절은 외워 늘 묵상하기도 한다. 찬송도 마찬가지다. 하나님을 찬양하는데 굳이 좋아하는 찬송가를 따질 필요는 없지만 그래도 개인의 기호, 정서, 환경, 처지에 따라 많은 장의 찬송가 중에서 특히 좋아하는 찬송이 있을 것이다. 의식적으로 좋아하기도 하지만, 무의식중에 자신도 모르게 저절로 자주 입가에 맴도는 찬송가가 분명히 있다. 물론 기쁠 때 생각나는 찬송과 괴로울 때 생각나는 찬송은 다르다. 때에 맞는 찬송가가 있는 것이 말할 수 없을 만큼 기쁘다.

내가 좋아하고 즐겨 부르는 찬송의 발자취를 더듬어 보면, 초등학교 시절엔 어린이 찬송가밖에 모르다가 중학생이 되고서는 성인용 찬송가 속에 있는 〈괴로운 인생길 가는 몸이〉를 제일 좋아했다. 사실 내가 저 찬송을 좋아하게 된 데에는 이유가 있다. 당시에 목사님들의 설교는 주로 천국과 관련된 것이 많았다. 우리가 궁극적으로 가야 할 곳은 천국이므로 찬송가 가사 중에 '돌아갈 내 고향 하늘나라'를 생각하면 그렇게 기쁠 수가 없었다.

그런데 이 말을 들은 담임목사님께서는 적잖게 놀라셨던 것 같다. 나에게 좀 기쁜 찬송을 좋아하면 어떻겠냐는 충고의 말씀을 하셨다. 목사님 생각에는 이제 막 초등학교를 졸업하여 중학생이 된 아직 어린 꼬마가 10년 남짓 산 인생을 염세적으로 생각하여 괴로운 인생길로 여기는 것으로 보신 모양이다.

그래서 목사님 말씀에 즉시 순종하여 이 세상을 부정적으로 바라보는 듯한 '괴로운 인생길'에서 벗어나 '주 예수와 동행하니 그 어디나 하늘나라'의 〈내 영혼이 은총 입어〉를 좋아하기로 마음먹고 자주 그 찬송을 불렀다. 그것은 괴로운 인생길이라도 주님과 동행하면 그곳은 하늘나라 곧 천국이기 때문이었다.

그 후엔 '내 모든 형편 아시는 주님, 늘 돌보아 주실 것을 나는 확실히 아네'의 후렴이 있는 〈아 하나님의 은혜로〉를 즐겨 불렀다. 내 모든 형편을 다 아시는 주님께서 내 인생을 돌봐주시니 이 얼마나 기쁜 일인지 생각만 해도 든든하고 좋았다.

그 후, 결혼하여 사모님 소리를 듣기 시작하면서는 나의 애창 찬송이 바뀌었다. 그것은 〈아 하나님의 은혜로〉 찬송가가 5절로 되어있었는데 새로 나온 찬송가에는 한 절이 없어지고 4절의 찬송이 되어버렸다. 없어진 절의 가사를 보면 '이 짧은 인생 살 동안 내 갈 길 편할지 혹 환난 고통당할지 난 알 수 없도다'인데 바로 내가 가장 좋아하는 구절이었다. 이 가사의 구절이 없어졌으니 안타까운 마음에 비슷한 가사의 다른 찬송에 마음이 갔다. 그것은 〈내 갈 길은 멀고 밤은 깊은데〉의 찬송이다. 마치도 목사 아내의 길이 힘들 것을 예견이라도 한 듯 이 찬송을 좋아하기 시작했다.

목사 아내로 힘들게 여겨질 때면 이 찬송이 큰 위로가 되고 은혜가 되었다. 그리고 은퇴한 지금은 주님 앞에 갈 그날까지 예수 인도하실 것이므로 〈나의 갈 길 다 가도록〉을 더 즐겨 부른다.

그러나 내 평생 제일 좋아하는 찬송가는 따로 있다. 그것은 아동부 때 부르던 〈샛별 같은 두 눈을〉으로 시작되는 찬송가다. 그 찬송은 비록 아동부 때 배우고 부르던 것이지만 지금도 나는 종종 이 찬송을 부른다. 이 찬송가의 가사를 보면 1절은 이렇게 되어 있다.

"샛별 같은 두 눈을 사르르 감고 주님의 이름을 부르노라면 우리 주님 마음에 대답하는 말 아이야 나는 너를 사랑하노라."

특별히 1절 가사 중에 마지막 구절에서는 눈물이 난다. 마지막 부분의 가사인 "아이야 나는 너를 사랑하노라"인데 "아이야" 대신 내 이름을 넣고 부르면 주님이 직접 나에게 사랑한다고 말씀하시는 것처럼 느껴져 눈물이 난다. 지금도 이 찬송을 자주 부른다. 나를 사랑하시는 주님께 주님의 일꾼이 되라는 2절의 가사처럼 주님의 일꾼으로 그 사랑에 보답하지 못한 것만 같아 송구스럽기만 하다.

자신이 좋아하는 찬송뿐만 아니라 나와 가까운 사람이 좋아하고 즐겨 부르는 찬송이 무엇인지 알고 있으면 좋다. 특히 가정에서 온 가족이 즐겨 부르는 찬송이 있으면 참 좋다. 그것은 가족이 함께 있지 못하고 흩어져 살게 되어도 각자가 있는 곳에서 같은 찬송으로 하나님을 찬양하는 것이니까 찬양받으시기 좋아하시는 하나님께서 기뻐하실 것임이 틀림없다. 그리고 온 가족이 한마음이 될 터이니 비록 가족이 멀리 있으나 함께 있는 것처럼 든든할 것이다.

나는 내 엄마가 유난히 보고 싶고, 그리울 때면 엄마가 즐겨 부르시던 찬송을 부른다. 그러면 마치 엄마가 옆에서 함께 부르는 듯 따뜻한 마음이 된다. 그리고 엄마에 대한 그리움은 엄마가 지금 계시는 천국을 사모하는 마음으로 변한다. 찬송은 하나님을 찬양하는 것이기에 그렇게 찬송을 부르고 나면 하나님도 찬송하고, 그리운 사람도 생각나니 일거양득이 되는 셈이다. 이렇게 보면 자기가 가장 좋아하고, 즐겨 부르는 찬송이 있음이 얼마나 좋은지 모른다.

[20230618]

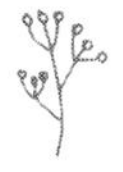

봄 그리고 예수님의 부활

나는 어렸을 때 사계절 모두를 좋아했다. 그것은 봄에는 부활절이, 여름엔 여름성경학교가, 가을은 추수감사절이, 겨울은 성탄절이 있어서 좋았다. 점차 나이 들어 사춘기 시절에는 가을을 제일 좋아하기도 했다. 그러나 지금은 봄을 제일 좋아한다. 봄과 가을은 비슷하면서 다른 것처럼 봄을 좋아하는 마음과 가을을 좋아하는 마음 역시 그러하다.

가을이 마무리의 계절이라면 봄은 시작의 계절이다. 그래서 가을은 끝맺음으로 가는 길목이라 숙연함이 있는 반면에 봄은 시작의 의미가 있어 그런지 설렘과 동시에 무엇인가 꿈틀거리는 생동감이 있다. 그 생동감은 희망이요, 기대감이다. 그래서 봄 하면 희망이라는 말이 동시에 떠오르나 보다.

겨울의 추위가 심하면 심한 만큼 봄을 향한 기대감도 커진다. 겨울은 아무리 맹추위로 기승을 부려도 봄에게 자신의 자리를 내어주고 무대 뒤로 서서히 사라진다. 봄이 오려는 눈짓은 벌써 있었건만 겨울이 떠나기 싫은 것을 나타내듯 조금은 짓궂게 꽃샘추위라는 것을 우리에게 준다. 심술스럽지만 애교스러운 시새움은 그리 오래 머무르지 않는다. 햇살은 겨울과 다르게 점점 더 따스해진다. 얼어붙은 대지로부터 오는 봄은 도도한 모습으로 천천히 다가오지만 성급한 내 마음엔 그보다 훨씬 먼저 들어와 있었다.

봄은 조심스럽게, 세밀하게, 마음엔 설렘을 주면서 미소 지으며 신부의 발걸음처럼 조금씩 조심스레 우리 곁으로 다가오는가 싶더니 어느덧 씩씩한 병사처럼 성큼 다가와 있다. 겨우내 얼었던 땅이 녹아 질척해지기 시작하면 얼음장 밑으로 오는 봄을 들뜬 마음으로 마냥 즐거워하며 봄을 맞던 그때가 생각난다.

또한 길가의 밟힐 듯 자라나 있는 파릇한 연한 새싹이 내 시선을 머무르게 한다. 흰 목련은 수줍은 듯 봉우리를 터트려 화사하고 우아함을 자랑한다. 그런가 하면 우리 집 발코니의 화초가 기지개를 피고, 겨우내 죽은 듯했던 꽃나무에도 작은 점 같은 새싹이 연녹색을 띠며 수줍게 돋아난다. 어느새 귤나무는 흰색의 꽃을 만발하게 피우며 그 향기를 품어댄다.

어느 것이 먼저랄 것도 없이 자태를 한없이 뽐내며 하루하루가 다르게 산하를 멋지게 물들여 놓는다. 그 꽃들의 이름을 열거하기조차 헐떡일 만큼 여러 종류의 꽃이 경쟁이라도 하듯 피어나고 있다. 마치도 공연을 앞두고 분장한 배우들이 무대 뒤에서 설레는 맘으로 자신의 순서를 긴장하며 기다리는 것처럼 꽃나무들도 자신의 순서를 놓칠세라 기다리며 피어나 우리를 즐겁게 한다.

여기저기 피어 있는 꽃들을 보고 있노라면 근심이나 걱정이 있어 속이 상하다가도 금방 미소가 지어진다. 그리고 아름다운 꽃에 매료되어 마음이 설렌다. 꽃을 유난히 좋아하는 사람은 있어도 꽃을 싫어하는 사람은 없을 것이다. 이렇게 아름다운 꽃이 풍성한 봄에는 우리 모두의 마음도 꽃처럼 아름다워질 것만 같다. 비록 '코로나19'는 작년에 이어 올해도 우리 곁에서 불안과 우울함으로 우리의 마음을 무겁게 하지만 봄은 코로나 바이러스보다 더 강하고, 힘찬 모습으로 우리를 위로하고 격려하고 있으니 다 이겨낼 수 있을 것만 같다.

추위를 몰아내고 따뜻함으로 온 봄이 있다면 거기에는 고난과 죽음을 이겨내신 예수님이 부활하신 부활절이 있다. 그러고 보면 봄과 예수님은 유사한 점이 많다. 춥고 강한 바람과 영하의 혹독한 날씨를 이겨내고 강한 생명력을 보여준 것이 봄이라면, 멸시 천대 십자가와 사망 권세를 이기시고 부활하신 분이 예수님이시다. 그래서 부활절은 축제의 날이다. 교회들마다 예수님의 부활을 축하하며 감사하는 행사를 한다. 아름다운 음률로 예수님의 부활을 축하하고, 하나님께 영광 돌리며 기뻐하고, 오래전부터 내려 온 부활절 풍습인 생명과 부활을 상징하는 달걀을 장식하고 함께 나누기도 한다. 올해는 코로나 바이러스로 인해 갖가지 행사를 하지 못하고 축소된 점이 못내 아쉽기만 하다.

예수님이 겪으신 고난과 희생과 사랑이 있었기에 말씀을 믿는 자들에게는 예수님의 부활이 소망이었고 그 부활은 환희와 기쁨과 감사를 준다. 물론 그 기쁨은 고난과 사망을 이기고 얻은 영광의 기쁨이다. 그런 기쁨이기에 우리는 인생살이가 주는 고난과 역경도 이기고, 지금 인류를 위협하며 유행하고 있는 코로나 바이러스도 이겨내야겠다. 강한 생명력을 보여준 봄처럼, 그리고 부활하셔서 온 인류에게 소망을 선물하신 예수님처럼 우리도 이 땅에서 사는 동안 큰 고난이 닥쳐온다 해도 이겨낼 소망을 품어야 한다.

봄이 희망의 계절인 것처럼 예수님의 부활은 모든 인류에 최고의 희망이다. 봄은 좋다. 그러나 예수님의 부활은 비교할 수 없을 만큼 더 좋다.

[20210408]

정말 인생엔 공짜가 없는가?

오래전에 '인생엔 공짜가 없다'라는 글을 접한 적이 있다. 제목이 주는 것만으로도 무엇을 말하려는지 충분히 이해할 수 있었다. "그래, 인생엔 공짜가 없지"라는 생각이 오히려 무겁게만 여겨지는 삶의 무게를 가볍게 느끼게 했다.

이 세상에서 열심히 노력하면 노력한 만큼 얻어지는 것은 당연한 일이다. 그런데 문제는 열심히 노력했는데도 아무것도 얻어지지 않거나 헛수고했다고 느껴질 때가 있다. 그럴 때 생기는 좌절이나 허무감은 우리를 허탈하게 만들 뿐만 아니라 때로는 삶을 포기하게도 한다. 그러나 대체로 노력하면 반드시 얻어지는 것이 있는 것이 인생이다. 무턱대고 하는 노력이 아닌 잘 계획하고 계획한 대로 실천하면 그 대가가 분명히 있기 마련이다.

힘이나 돈을 들이지 않고 거저 얻은 물건을 공짜라고 한다. 그래서 공짜라면 무엇이든지 닥치는 대로 가리지 않는 것을 꼬집어 '공짜라면 양잿물도 먹는다'라고 말한다. 반면에 '공짜를 좋아하면 대머리가 된다'라는 속담도 있다. 더 기가 막힌 지독한 말은 "외상이면 소도 잡아먹고, 공짜라면 양잿물도 큰 것부터 골라 먹는다"라는 말이다. 솔직히 요즘은 양잿물 찾기가 어렵지만 그 양잿물은 수산화나트륨으로 마시면 죽는 독극물이다. 얼마나 공짜를 좋아하면 먹으면 죽는 것도 큰 것부터 골라 먹는다고 했을지 공짜라면 죽어도 좋을 만큼 공짜가 좋다는 말이다. 공짜를 좋아하는 정도의 차이는 있겠지만 공짜 싫어하는 사람은 없는 것 같다.

그러나 인생에 없는 것이 세 가지가 있는데 그것은 정답과 공짜와 비밀이라고 한다. 이 말로도 알 수 있듯이 세상에 거저 혹은 저절로 이루어지는 것은 없다. 간혹 길을 가다가 돈을 주웠다면 공짜로 생긴 것일 수도 있겠지만 혹시 공짜로 주운 돈으로 인해 절도죄가 성립될 수도 있다. 요행을 바라거나 다른 사람 등에 업혀 한 번에 얻으려는 것은 그것을 얻었다고 하더라도 값이 있는 것은 절대 아니다. 대가를 지불하고 얻은 결과만이 진정한 가치가 있는 것이다.

이 세상에 진정한 공짜가 있을까? 있다면 어떤 것일까? 무조건적인 공짜는 없지 않을까? 냉정하게 생각해 볼 필요가 있다. 공짜를 제공하는 것에는 반드시 이유가 있다. 주기 좋아하는 사람과 가까이 지내다 보면 공짜로 얻어지는 것이 있다. 그런 것을 공짜라고 할 수 있지만 그것 역시 친근감이라는 이유가 존재한다. 공짜로 얻어지는 이익 뒤에는 반드시 공짜가 제공되는 숨은 이유가 있는데 공짜처럼 보이지만 무조건의 공짜가 아닌 경우가 대부분이다. 최소한 환심을 사서 자신이 유익을 얻으려는 심리적인 것이라도 있지 않을까? 미국에서도 명언 중에 "공짜 점심은 없다(There ain't no such thing as a free lunch)"라는 것이 있는데 아무것도 하지 않으면 무언가를 얻는 것은 불가능하다는 뜻이다.

어느 초등학생이 쓴 공짜라는 시가 있어 여기에 소개해 본다.

선생님께서 세상에 공짜는 없다고 하셨다.
그러나 공짜는 정말 많다.
공기 마시는 것 공짜

말하는 것 공짜
꽃향기 맡는 것 공짜
하늘 보는 것 공짜
나이 드는 것 공짜
바람 소리 듣는 것
미소 짓는 것
꿈도
개미 보는 것 공짜

그러고 보면 위 학생의 말처럼 이 세상에는 공짜가 많다. 우리가 살아가는데 꼭 있어야 하는 기본적인 것들은 다 공짜다. 다시 말해 진짜로 중요하고 삶에 있어 반드시 있어야 할 것은 다 공짜로 공급받고 사용하는 것들이다. 바로 물, 공기, 빛, 어둠 등이 그것이다. 이러한 것들은 누구나 차별 없이 받아 누리며 살고 있다. 우리는 이렇게 공짜로 받은 것들은 당연한 것처럼 생각하며 살아간다.

태곳적부터 공짜로 받았기에 당연한 듯, 아니 그런 귀한 것들을 공짜로 받았다는 생각조차 없는지도 모른다. 그리고 그것은 나만 특별하게 받은 것이 아닌 온 인류가 공통으로 받았기에 감사한 마음조차 들지 않는다. 생명을 유지하는데 이처럼 귀하고 필요한 것을 공짜로 받아 유용하게 사용하고 있으면서 또 다른 어떤 좋은 것이 공짜로 생기면 그것에 대해서 횡재했다고 생각하면서 좋아한다.

우리는 우리가 원하는 것을 이루기 위해 많은 것을 포기하기도 하고, 피나는 노력을 하며 살아간다. 원하는 대학에 들어가거나 사업으로 성공한 사람들은 엄청난 노력과 시간을 투자해서 대가를 치르고 얻은 결과다. 또한 노력하여 얻은 결과에 대해서는 힘이 들고 어려웠지만 뿌듯하고 진정한 행복과 성취감을 느끼게 된다.

이 세상에 공짜는 있다. 아니, 많다. 공짜인 것들은 우리의 노력으로 얻을 수 없는 것들이다. 반면, 공짜가 아닌 것은 우리의 노력으로 얻을 수 있는 것들이다. 그러니 조물주로부터 받은 공짜를 감사하며 잘 활용하면서 공짜가 아닌 것에 최선의 노력으로 승리하는 인생이 되어야겠다.

[20240603]

때지 않은 굴뚝에서 난 연기

한참 전의 일이다. 어느 날 미국에 사는 남편 지인에게서 전화가 왔다. 처음엔 전화 받는 분위기가 좀 심각한 듯하더니 갑자기 남편의 호탕한 웃음소리가 들렸다. 전화를 마친 후 무슨 일이냐고 물었다. 그 내용인즉, 그 지인은 남편이 이혼했다는 소식을 들었는데 어떻게 지내냐고 물었다는 것이다.

이혼이라는 말을 꺼내 본 적도 없고 또 이혼하려는 생각조차 없는 우리 부부의 가짜 이혼 소식을 믿고 물어 온 기상천외한 질문에 남편 목사는 놀랄 만도 하건만 놀라기는커녕 담담하게 그 말에 덧붙여 "이제 조금 지나면 어디에 내 아이가 있다는 말이 나올 걸세"라는 농담까지 하며 그렇게 호탕하게 웃었다고 한다. 그러나 그 호탕한 웃음은 내게 씁쓸함을 주었다.

이는 분명 남편이 이혼이라도 해야 남편을 비방하는 데 훨씬 유리할 것이므로 그렇게라도 만들어 남편을 악하고 나쁜 사람으로 중상 모략하려는 허튼 생각의 사람 즉 이단이나 혹은 이단 옹호자가 만들어 퍼트린 허무맹랑한 소문이었다. 한 마디로 성냥불도 긋지 않았는데 굴뚝에서는 시커먼 연기가 피어오른 것이다.

남편 목사의 40여 년 목회 생활을 함께 겪으면서 뼛속 깊이 깨달은 진리 중의 하나는 우리가 잘 알고 있는 "아니 땐 굴뚝에 연기 나랴"라는 속담과는 상충 되는 '때지 않은 굴뚝에서 연기 난다'를 실제로 수도 없이 경험했다. 이것이 바로 소문이라는 것이다.

말과 함께 살아가는 존재가 인간이다. 온종일 한 사람이 하는 말의 양은 약 2만 단어가 된다고 한다. 그리고 하는 말 외에 들어야 하는 말은 또 얼마나 많은가. 그런데 이렇게 주고받는 말 중에 사실 그대로 전해지는 말은 그리 많지 않다고 한다. 그것은 들은 말을 다 기억하지 못할 뿐만 아니라 듣고 말하는 사람의 생각과 기억된 내용의 말만을 하므로 왜곡될 수 있다는 것이다.

아이들 놀이 중에 '귓속말 놀이'가 있는데 어느 교회 유년부 교회학교에서 이 놀이를 하였다고 한다. 처음 아이에게 귓속말로 "베드로 사도"라는 말을 한 후, 차례로 10명에게 귓속말로 전달하게 했는데 마지막 사람에게 물어보니 "비로도 사줘"라고 했다는 것이다.

소문도 이와 다를 바 없다. 처음의 내용과는 다르게 그것을 퍼트리는 유포자가 자신이 바라는 '그러면 좋겠다'라는 생각이, 한 사람 또 한 사람을 거쳐 가면서 조사가 바뀌고, 살이 붙어 여러 사람을 거치는 동안 실제의 내용과는 다르게 의도하지 않았지만 변형된 내용으로 탄생 되는 것이 소문이다.

반면에 악의를 품고 의도적으로 모함하는 내용을 만들어 퍼트린 소문도 있다. 때지 않은 굴뚝에서 피어오르는 연기는 주로 유언비어로 조작되어 발생하는데 이것은 때도 시도 없이 어쩌면 인간이 있는 곳에는 쉴 새 없이 피어오른다. 이처럼 입에서 입으로 떠도는 소문은 그 진상이 확인되지도 않은 채 전달되는 과정에서 변형되고 왜곡되는 부정적인 존재로 하루에도 수없이 발생하고 또 사라지곤 한다. 문제는 이렇게 피어오른 연기는 분명 가짜 연기이건만 엉뚱한 내용의 말을 듣고 그 말이 진실이고 사실인 것처럼 솔깃하여 믿는 사람이 있다는 점이다.

현대사회는 가짜가 진짜보다 더 진짜처럼 보이는 세상이기에 가짜 연기의 사실을 밝히려는 것이 변명처럼 보여 도리어 해가 될 수도 있기에 안타깝기만 하다.

프랑스의 사회학자 E. 모랑(Edgar Morin)은 “소문은 땅 밑바닥 무의식의 깊은 곳에서 떠올라 왔다 다시 땅 밑바닥으로 돌아간다”라고 말했다. 이처럼 소문은 슬그머니 떠돌다가 사라진다. 그것이 전혀 무근한 것이라면 가만히 있어도 조금 지나면 자취도 없이 사라지며 소문은 길어야 한 달이고 소문의 주기는 비교적 짧다고 한다. 어쩌면 소문은 우리의 인내를 시험하는 도구인지도 모른다. 소문의 내용이 많은 사람이 알고 싶어 하는 관심사일 때 번지는 속도는 더 크고 빠르게 퍼져간다.

소문과 떠도는 말(유언)을 선명하게 구별 지을 수는 없다. 하지만 소문은 그것이 잘못된 것이라도 아주 미세한 어떤 근거가 있기에 생긴 것이고, 떠도는 말(유언)은 전혀 생소한 것들이 떠도는 것이라고 억지스러운 정의를 내려 본다. 그렇기에 이 떠도는 말 즉 유언이 유언비어가 될 때 한 사람의 생애에 치명적인 것이 되기도 하며, 심지어 시간이 흐를수록 걷잡을 수 없이 넓고 크게 퍼져나가 개인 가정 사회 국가에 나쁜 영향을 미치어 생각지도 아니한 문제로 비화하기도 한다.

어떤 공동체든지 사람이 모이는 곳엔 소문이 있게 마련이지만 특히 교회는 남녀노소 빈부귀천 없이 다양한 사람들이 모이는 곳이기에 이곳에서의 소문은 그치지 않고 계속해서 번져가게 된다.

소문에 너무 의미를 부여하거나 관심을 두고 신경 쓰며 민감해서는 안 된다. 그렇다고 무시하지도 말아야 한다. 그런데 문제는 그 소문 발생이 전혀 근거가 없기보다는 자그마한 불씨라도 있을 때가 문제이다. 그것은 어떤 재료로 태웠든 불을 땠다면 분명히 연기가 나게 되어있고, 소문의 내용이 우리의 관심 대상에서 제외되는 것은 거의 없고 현재 당면한 문제들을 반영하고 있기 때문이다.

소문은 긍정적이고 바람직한 내용보다는 주로 부정적이고 사람을 해코지하려는 의도가 숨어있는 것이 대부분이기에 그 허무맹랑한 소문으로 인해 억울하고 분해서 마음이 상하기 쉽다. 자신에 대해 기분 나쁜 소문이 들릴 때 흥분하지 말고 그 소문이 나게 된 이유와 원인을 살펴 자신을 돌아보아 발전의 기회로 삼도록 해야 한다. 그리고 그것이 어떤 성격의 것인지 인내를 가지고 현명하고 지혜롭게 대처하는 성숙한 자세를 지녀야 한다.

반대로 소문을 듣고 소문의 근거지를 찾으려고만 한다면 듣지 않음만 못할 뿐만 아니라 도리어 큰 해를 당할 수 있음을 명심해야 한다. 소문은 그것이 확실한 근거가 없는 것이 대부분이기에 이에 대해 책임질 사람도 찾기 어렵다. 그러므로 부정적 소문을 들을 때는 더는 번져가지 않도록 그 소문의 흐름을 차단할 용기와 지혜가 필요하다. 그리고 더 중요한 것은 결코 소문을 만드는 자가 되어서도 안 된다.

몇 년 전, 남편 목사와 이름이 비슷한 목사님께서 돌아가셨을 때, 그 부고를 알리면서 발음에 이상이 있었는지, 잘못 들어서인지 남편 목사가 죽었다는 소문이 나서 많은 분을 놀라게 했다. 이처럼 사실과 전혀 무근한 뜬소문과 유언비어로 비록 힘들기는 했지만, 남편 목사는 40여 년의 목회 일정을 잘 마치고 시무 목사를 은퇴하고 원로목사가 되었다. 얼마나 감사한 일인지 모르겠다.

이혼에 대한 소문, 죽음에 대한 소문, 암에 걸려 곧 죽을 것이라는 소문 등 수많은 연기는 피어오르는 듯하더니 모두 다 사라졌다. 이제 무슨 연기가 또 피어오를까?

[20220208]

나는 여왕이로소이다

여고 시절에 시를 좋아하지 않는 사람이 어디 있으리오만 나는 유독 시를 좋아했다. 지금도 암송하는 시가 여러 편 있을 정도로 좋아하지만 어떤 시는 내용보다 제목이 더 좋았다. 그중 하나가 바로 홍사용 님의 "나는 왕이로소이다"이다. 이 시에서 시인은 자신을 '눈물의 왕'이라고 표현했다.

그분이 눈물의 왕이라면 눈물의 여왕이라 해도 하나도 지나치지 않을 정도로 잘 우는 울보가 여기에 있다. 나는 자타가 공인한 눈물의 여왕이다.

나의 눈물에 관한 이야기는 아주 어린 시절까지 거슬러 올라간다. 영유아기 시절엔 하도 잘 울어 망태 할아버지에게 준다는 협박(?)까지 했다고 한다. 말을 하기 시작하면서부터는 조금만 슬픈 이야기를 들으면 눈물부터 흘렸으니 나의 막내 삼촌은 늘 나를 '울보'라고 놀리곤 했다. 그렇게 잘 우는 내가 잘못하여 꾸중을 들을 때도 마찬가지로 울었다. 그런 나를 보면서 모든 것을 눈물로 해결하려 한다고 나무라는 소리를 듣기도 했지만, 일부러 눈물을 흘려 해결하려 한 적은 한 번도 없다.

또한 공항은 이별하는 사람, 또 오랜만에 반갑게 만나는 사람이 어우러지는 곳이기에 그곳에 가기만 하면 모르는 사람의 그러한 모습을 보며 눈물을 흘리기도 했다. 그러니 딸을 유학 보내 놓고 얼마나 많이 울었는지 말할 필요가 없다.

내가 주책없을 만큼 눈물이 많은 것을 굳이 탓하자면 나의 엄마를 닮은 탓이다. 엄마는 눈물이 많으면 울 일이 많이 생긴다고 참으라고 하시면서 나의 눈물 많음을 걱정하시곤 했는데 그럴 때마다 나는 참는다고 나오는 눈물이 안 나오느냐고 볼멘소리로 반문하기도 했다. 눈물이 나면 참으라는 데 그 참는 것도 정도가 있는 것 같다. 정말 다른 것은 다 참을 수 있는데 나오는 눈물을 참는 것은 거의 불가능하리만치 힘들다.

눈물의 여왕인 나는 기도 시간도 예외가 아니다. 혼자 기도할 때는 거의 눈물을 흘리며 기도하는데 그러한 모습을 여러 번 본 어느 장로님이 내가 불치병에 걸려 그렇게 간절히 울면서 기도하는 것 아니냐고 조심스레 묻는 일도 있었다. 그 후, 나는 교회에서는 울지 않고 기도하려 무척 노력했다. 목사 아내는 남에게 특별하게 보여서는 안 됨을 새삼 느끼면서 조심하려 했지만…

일반적으로 기쁘고, 즐겁고, 행복하면 웃음이 나지만, 눈물은 아프고 괴롭고 슬프고 속상할 때 나는 것으로 여기기 때문에 눈물은 참으라고 하는 것 같다. 맞는 말이다. 그러나 행복이 보통일 때는 웃지만 아주 많이 행복할 때는 눈물이 난다. 슬퍼서도 울지만, 너무 기쁠 때도 눈물이 흐르지 않는가?

밤이 없으면 밝은 대낮이 없는 것처럼 우는 것을 부끄러워하는 자는 기뻐할 때도 정말 기뻐할 수 없다고 한다. 또 울고 나면 기분이 맑아진다. 현대인이 메마른 것은 눈물이 메마르고, 눈물을 부끄러운 것으로 여겼기 때문은 아닐까? "눈물 젖은 빵을 먹어보지 않은 사람과는 인생을 논하지 말라"는 말이 있다. 눈물은 보이지 않는 삶의 언어이며 사랑의 언어라고 생각한다. 눈물이 말랐다는 것은 삶의 의미를 잃었다는 것이며, 사랑이 메말랐다는 증거다.

이전에 엄마들은 자녀 앞에서 눈물을 보이는 것을 거의 금기사항처럼 생각했던 것 같다. 자녀 양육에도 이를 악물고 참았다는 말을 많이 들었다. 나는 나의 딸에게 이렇게 말했다. "누군가가 너에게 너의 엄마는 너를 어떻게 길렀냐고 묻는다면 나의 엄마는 눈물로 나를 키우셨다"라고 말하라고 했다.

비교적 웃음에 대해서는 긍정적으로 생각하는 반면에 눈물에 대해서는 비교적 부정적이다. 우는 것을 '질질 짠다'라는 말로 폄하하고, 특히 남자가 잘 울면 사내가 계집아이처럼 운다고 핀잔주기 일쑤다. 남자도 감정이 있는 동물인데 마치 우는 것은 여자의 전용물로 여기고, 못난 사람이나 우는 것으로 생각한다. 그래서 어떤 남자는 자신의 아버지가 돌아가셨는데도 울지 않았음을 자랑스럽게 이야기하는 것을 본 적이 있다. 남자가 울어야 사회가 온유해지고 건강해진다. 의학적으로 남자가 더 눈물을 흘릴 수 있는데 선입견과 학습되어 있어 잘 울지 않는다. 아니, 울지 못한다. 눈물을 참는 것은 감정을 숨기는 것이다. 감정을 억지로 억제하지 말고 눈물이 나면 울어야 한다. 눈물은 감정의 유통이 아닌가?

눈물이 얼마나 좋은 것인지 요즘은 눈물 예찬론이 거론되고 있다. 먼저 눈물은 안구를 보호한다. 눈물이 없다면 눈을 깜박거릴 수도 없다고 한다. 눈물이 있기에 하나님이 지으신 삼라만상도, 사랑하는 사람도 볼 수 있는 것이다. 많이, 크게, 세게, 오래 울면 다이어트 효과도 있고 피부도 좋아지고 또한 많이 울면 면역성이 증가하고 심혈관이 튼튼해진다고 한다. 또한 엔돌핀이 많이 분비된다고 한다.

한 암 전문의 박사는 '울어야 산다'라고 하면서 살고 싶으면 많이 울어야 하는데 울 일이 없으면 기회를 만들어서라도 울라고 말한다. 또한 웃음보다 울음이 스트레스 해소에 훨씬 더 좋다고 한다. 영국의 황태자비인 다이애나가 죽었을 때 정신과를 찾는 환자가 줄었다는데 그 이유를 남의 슬픔을 보고 울었고, 그 눈물이 스트레스를 풀었기 때문이라고 한다. '웃음이 파도라면 눈물은 해일'이라든지 '웃음이 비라면 눈물은 소나기'라는 말은 잘 우는 나에게 얼마나 반갑고 기쁜 말인지 모른다.

탈무드에 보면 비누는 몸을 닦고 눈물은 마음을 닦는다는 말과 천국의 한쪽 구석에는 기도는 못 했지만 울 수 있었던 사람을 위한 자리가 마련되어 있다고 할 정도로 눈물은 필요하고 소중한 것이다.

눈물 예찬론자들은 눈물이 없는 사람은 가슴이 없다고 한다. 또 흘린 눈물만큼 인생의 깊이를 안다는 말은, 눈물을 흘리지 않는 것은 깊이 없는 삶이라는 말이 된다. 교만하고 건조한 삶이다. 결국 인간은 자신이 흘린 눈물만큼 인생의 깊이를 안다는 말이나 흘린 눈물의 깊이만큼 아름답다는 말은 나에게 적잖은 위안이 되는 말이다. 지도자들이 많이 울면 생명 넘치는 사회가 되지 않을까?

잘 우는 것도 은혜이며 복이다. 문제는 울어야 할 때 눈물이 나오지 않는 것처럼 황당할 때가 없다. 그렇게도 잘 울어 평생 울보

소리를 들으면 산 내가 어머니를 천국에 보내 놓고 장례식에선 생각한 것만큼의 눈물을 흘리지 않았다. 내가 보기에도 이상할 만큼 눈물이 나질 않았다. 그리고 그 이유를 장례 마치고 세월이 감과 함께 조금씩 알게 되었다. 감당할 수 없는 현실이 너무도 기가 막히고 감당이 안 되어 꿈인지 현실인지 멍하기만 했고, 또 엄마를 보냈다는 것이 믿어지지 않아서 그랬던 것 같다. 그러나 시간이 가면 갈수록 엄마를 잃은 것이 사실임을 실감하면서 눈물은 더욱 많이, 그리고 자주 흐른다. 울보라는 별명도 들은 터이고 병원에 가서 치료받으라는 충고를 들을 만큼 잘 우는 내가 너무도 민망하고 싫었다. 그러나 이제는 울 수 있는 것도 축복임을 확실히 깨닫는다.

눈물도 웃음과 마찬가지로 하나님께서 주신 것이다. 하나님은 마치 마른 영혼에 비를 내리듯이 인간에게 눈물을 주셨다. 성경에 보면 울라는 말이 많이 있다. 반면에 웃으라는 말은 한 곳도 없는 것 같다. 또한 예수님도 이 땅에 계실 때 우셨다는 기록이 성경에 있다.

예수님도 흘리신 눈물이라면 나는 더 많이 흘려야 하지 않을까? 지금까지 있어 온 그 여왕 자리를 계속 유지해야겠다. 훗날 천국에서 주님께서 닦아주실 눈물은 있어야 하니까.

[20210604]

기회와 준비가 만나다

올해가 지나면 백 세가 되시는 아버지께서 작년 여름까지만 해도 산에 오르실 정도로 건강하셨다. 그런데 지난가을에 발을 헛딛어 넘어지셨는데 그 후로는 일어나질 못하신다.

노령자가 조심하고 또 조심할 것은 바로 넘어지지 않도록 하는 것이라는 말을 수도 없이 많이 들었다. 요즘 그 말을 절실히 실감하고 있다.

워낙 연로하시기에 다리의 모든 기능이 사라져서 병원에서도 어찌할 수 없다고 한다. 아버지의 그 건장하셨던 육신이 하루가 다르게 쇠해져 간다. 평생을 누구 못지않게 건강하게 살아오신 아버지께서 한 번의 실수로 인해 누워만 계신 모습을 바라보는 내 마음은 이루 말할 수 없이 무겁고 아프다.

이제는 천국 가실 일만 남은 아버지께 천국 가실 마음의 준비를 하시라고 마음 굳게 먹고 말씀드린다. 그 말은 사실 아버지께 드리는 것이지만 나에게도 하는 말이기도 하다.

백 세를 맞으신 아버지 문제는 곧 있을 내 문제다. 이 땅에서 살아가기 위한 준비도 중요하다. 그러나 그보다는 저 영원한 나라에 갈 준비가 더 필요하고 중요한 것임을 새삼 더 깨닫게 된다. 무슨 일에든지 준비가 완벽하면 실패하는 일이 적다.

준비란 어떤 일을 행동으로 옮기기 위한 마음가짐이나 주변 조건 등을 미리 채비하는 것을 말한다. 무슨 일에든 준비를 철저히 하는 것은 매우 바람직하다. 준비 안 된 사람에게 일을 맡기면 일을 망칠 수가 있다. 유비무환(有備無患)이라는 말이 있다. 준비가 철저히 되어 있으면 걱정할 것이 없다는 말이다. 하나님께서도 준비된 자를 쓰신 것을 보면 더욱 그렇다.

나는 평소에 모든 일에 준비를 잘하는 편이다. 그러다 보니 준비가 없는 일은 잘하지 못할 뿐만 아니라 하고 싶지 않을 정도다.

예를 들어 손님이 오신다고 하면 식사 준비도 도착하실 그 시간에 알맞게 하면 될 것을 나는 미리 준비한다. 그것이 때로는 두 번의 일을 하게 만들기도 한다. 먼저 해 놓은 것이 식으니까 다시 덥혀야 하는 번거로움도 생긴다.

먼 곳을 갈 때도 미리 짐을 싸놓기에 꼭 필요한 것을 챙기지 못하는 경우보다는 철저하게 챙기게 되지만 한 번만 싸면 될 짐을 풀었다 다시 싸게 되는 경우가 생길 때도 있다.

그래서 나는 다른 사람에 비해 일이 좀 많은 편이다. 이것을 미련하다고 할 수 있겠으나 미련하다고 생각하기보다는 준비성이 많아 유익하다는 긍정적인 생각을 한다. 급하게 서둘러 하기보다는 미리미리 준비하는 것이 더 옳다는 생각에는 변함이 없고, 또 그렇게 하는 것이 몸에 배어 있어서 그렇게 한다.

이렇게 세상일에 준비 잘하는 나는 요즘 나의 아버지 모습을 보며 많은 생각에 잠긴다. 이 세상의 일들을 미리미리 잘 준비했던 내가 정말 중요하고 필요한 하늘나라에 갈 준비를 하지 못한다면 참으로 어리석은 사람이 될 것이다. 가장 중요한 준비는 영원한 세계를 내다보며 그곳에 갈 준비를 하는 것이다. 하나님께서 아버지를 통해 준비할 기회를 주신 것이 너무도 감사할 뿐이다.

기회는 찬스(chance)라는 말인데 이 기회와 준비가 만나면 그 이상 좋은 것은 없다. 잘 준비된 것도 때로는 기회를 못 만나 수포가 될 때가 있는가 하면, 아주 유익하고 좋은 기회는 왔는데 준비가 되지 않아 낭패를 보는 때도 있다. 그러니 기회와 준비가 만났을 때 오는 유익은 금상첨화가 아닐 수 없다. 인생 사는 동안 이렇게 행운의 때는 얼마나 있을까? 많기를 원하지만, 그것이 그리 쉽게 되는 것은 아닌 듯싶다.

기회는 준비된 사람에게 온다는 말은 진리다. 준비가 안 된 사람에게 오는 기회는 기회라기보다 기회가 없는 것보다 못한 기회가 될 수 있기 때문이다.

인생에서 돌아오지 않는 것이 네 가지가 있다는데 그중의 하나가 놓쳐 버린 기회라고 한다. 그러나 살려내지 못한 점에서는 같은 뜻이지만 기회는 놓쳐버렸다기보다 기회를 기회인 줄 모르고 지나쳐 버린 경우가 더 많을지도 모른다.

기회도 잘 포착해야겠지만 준비는 더 잘해야 한다. 준비되지 않은 자에게 찾아온 기회는 없는 것만 못하다. 이런 기회는 득보다는 피해가 더 크다. 나아가 패가망신을 당할 수도 있다. 아무 준비도 하지 않았는데 갑자기 기회가 찾아오는 일이 있다면 그것은 기회가 아니다. 다시 생각해 보아야 한다. 기회를 잡기 위해 아무런 노력도 없는 상태에서 기회가 온다는 것은 불가능한 일이다.

위기는 기회가 될 수도 있다. 우리는 작은 것에서부터 큰일에까지 계획을 세우고 준비하는 습성이 필요하다. 무슨 일에든 준비를 철저히 했다면 좋은 결과가 나오는 것은 분명하다. 혹 다른 이유로 실패했다 하더라도 기회는 한 번만 오지 않고 기회는 또 온다고 말한 사람이 있는 것처럼 준비된 것은 없어지지 않는다.

그리고 준비했는데 낭패를 봤다고 하더라도 다시 올 기회를 잘 살펴야 한다. 반드시 기회는 또 온다.

도산 안창호 선생은 말하기를 기회는 준비된 자에게 찾아온다고 했다. 다시 말해 기회란 막연히 기다리는 것이 아니라 만들어 내는 것일 것이다. 기회를 기다리는 사람이 되기 전에 기회를 얻을 수 있는 실력을 갖추라고 했다. 그리고 맥아더 장군은 이 세상에 보장된 것은 하나도 없고 오직 기회만 있을 뿐이라고 했다. 결국 기회는 반드시 준비된 자에게 온다. 그렇다면 준비를 잘하면 그 기회는 반드시 승리를 가져다줄 것이다.

살아가면서 무슨 일에든 준비하고 기회를 찾으면 승리한 인생이 될 것이다. 이 땅에서의 성공도 중요하다. 그러나 그보다는 영원한 나라에서의 삶을 준비함이 더 중요하다. 그러고 보니 아버지를 통해 영원한 나라에 갈 준비 잘하라고 하나님께서 주신 기회를 그냥 놓치면 안 된다. 기회와 준비가 만났으니 "성공은 준비된 기회가 만난 것이다"라는 말이 이루어지도록 더 노력할 것을 다짐한다.

[20240802]

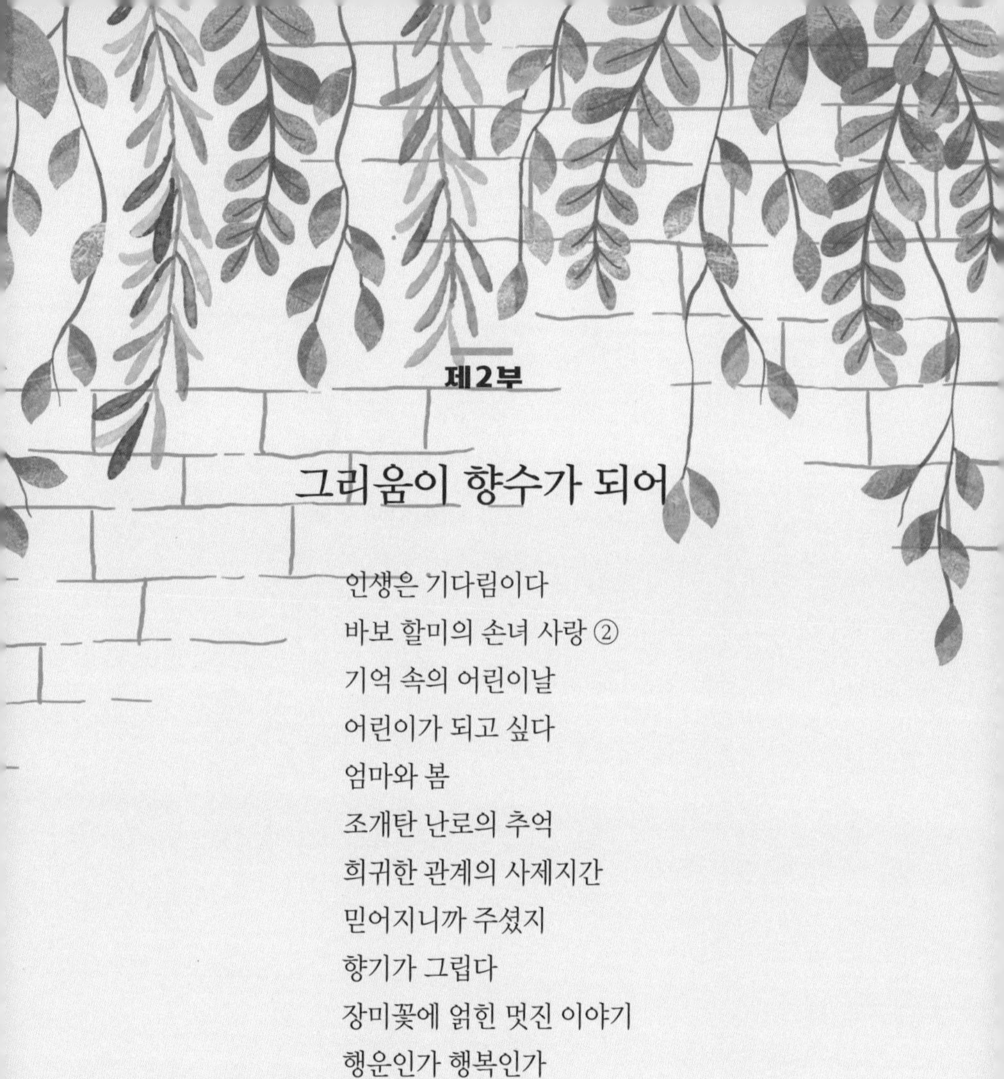

제2부

그리움이 향수가 되어

살아온 날들이, 지금의 삶이

훗날 생각할 때 멋진 추억이

되려면 오늘을 멋있게 살아야 …

인생은 기다림이다

한 해를 맞은 아침이 엊그제 같은데 벌써 마지막 달이 되었다. 아쉬움의 안타까움도 있지만, 얇아진 달력 뒤에는 두툼한 새 달력이 기다리고 있으니 기대감 또한 넘친다. 한 해의 끝자락인 12월이 오면 살아온 한 해를 돌아보며 반성하고, 새로 맞을 새해에 대해 설계하며 기대감에 젖곤 했다. 살아온 한 해가 힘들었다면 새롭게 오는 한 해가 더욱 기다려지고, 무엇인가를 기대하며 새해를 맞게 된다. 그렇게 보면 인생은 기다림이라는 생각이 든다.

한평생을 살아가는 동안에 우리가 겪는 기다림은 얼마나 될까? 한 생명이 태어나 죽음에 이르기까지 아주 하찮고 작은 기다림으로부터 큰 기다림까지 셀 수조차 없을 만큼 많다.

길게는 태어나기 위한 열 달의 기다림으로부터 시작하여 유아기를 거쳐 청소년기를 지나 청년기 그리고 장년기, 노년기에 이르기까지 수십 년을 기다리며 산다. 짧게는 밤에 잠자리에 들 때는 내일의 일을 생각하며 아침을 기다리고, 하루 종일 밖에서 힘들게 일하면서 퇴근 시간을 기다리고, 심지어 식사 시간도 기다린다. 그런가 하면 길을 갈 때도 신호등을 기다려야 하고, 목적지로 가는 자동차를 기다려야 한다. 기다림은 잠에서 깨어 눈을 뜨는 그 순간부터 시작되어 잠이 들 때까지 연속적으로 이어진다. 아마도 우리의 삶 속에서 기다림이 없는 일은 없을 것이다.

심리학자 윌리엄 말스톤이 삼천 명을 상대로 한 설문조사 결과를 보면, 많은 사람이 사는 목적에 94%가 결국 기다리는 데 있었다고 한다. 살아있는 모든 존재는 항상 무언가를 끊임없이 기다린다. 어쩌면 우리 삶은 '기다림의 성취'로 이루어진다. 기다림 속에서 삶은 진행되고, 기다림 속에서 성취되어 간다.

이 기다림의 종류는 셀 수 없을 만큼 여러 가지다. 기다림에는 설레는 기다림도 있지만, 걱정스럽거나 기다리고 싶지 않은, 피하고 싶은 기다림도 있다. 그래서 기다림은 즐거움과 기쁨을 주기도 하지만, 때로는 슬픔과 아픔을 주기도 한다. 기다림의 종결이 나쁜 것도 있기에 절망으로 남을 수도 있다. 그렇기에 기다림은 하나님이 주신 아름다운 선물일 수도 있고, 가장 고통스러운 형벌일 수도 있다.

인생 속에 수많은 기다림이 있었지만, 지금도 기억 속에 생생하게 남아있는 기다림이 있다. 어린 시절 예방주사를 맞기 위해 줄 서서 내 차례를 기다리는 기다림이 생각난다. 지금 생각하면 우습지만 내 차례가 올 때까지 얼마나 떨며 기다렸었는지 그 어린 시절에는 참으로 힘든 기다림이었다. 또한 중학교 입학시험부터 시작하여 고등학교 입학시험, 그리고 대학 입학시험을 치른 후 합격자 발표가 날 때까지 숨 막히는 기다림도 가져 보았다.

이러한 기다림은 지금 생각해도 참으로 절박한 기다림이었다. 멀리 유학 떠난 남편이 돌아오기를 오매불망 기다리던 날들의 기억도 있다. 이러한 기다림은 경험해 보지 못한 사람은 그 애타는 마음을 모른다. 또한 누구나 겪어봤을 절박하고도 기막힌 기다림은 급한 상황 속에 화장실 문 앞에서 들어간 사람이 나오기를 기다리는 기다림이 아니었을까?

어린 시절, 지루한 기다림으로 인해 환하게 웃었던 일도 있다. 스케이트를 갖고 싶어 부모님께 말씀드렸더니 아버지께서 사 주시겠다고 흔쾌히 약속하셨다. 들뜬 마음으로 희망을 품고 하루를 기다리고, 또 다음 하루를 기다렸다. 그런데 퇴근하시는 아버지 손에는 아무것도 들려있지 않았다. 며칠이 지나도 마찬가지였다. 어린 나의 실망은 말할 수 없이 컸지만, 아버지의 약속을 기다리며 잘 참아냈다.

그렇게 시간은 흘러 성탄절을 맞았다. 성탄절 아침에 보니 산타할아버지 선물이 나를 기다리고 있었다. 그런데 그 선물이 바로 내가 그토록 원하던 스케이트였다. 비록 아버지를 대신(?)하여 산타할아버지께서 주셨지만 "기다릴 줄 아는 사람은 바라는 것을 가질 수 있다"라는 벤저민 프랭클린의 말처럼 스케이트를 갖게 되었다. 저녁마다 퇴근하시는 아버지 손을 살펴보며 기다렸던 날들이 그리 오랜 기간은 아니었지만, 어린 나로서는 하루가 그야말로 여삼추처럼 느껴졌었던 기억이 있다.

빅터 프랭클린은 '사람은 무엇으로 사는가?'라는 질문 앞에 "사람은 먹는 것으로 사는 것도 아니요 오직 희망으로 살고, 오직 기다림으로 산다"고 했다. 기다림이란 인내며 희망이다. 기다림 중에는 인식하지 않아도, 기다리지 않아도 시간이 흐르면 자연스레 반드시 오고야 마는 일들이 너무도 많다. 그러나 필요한 것을 기다리는 기다림은 초조하다. 그런 기다림은 우리에게 인내를 배우게 한다. 그 인내는 또한 희망을 배우게 한다. 파수꾼이 아침을 기다리든 기다리지 않든 아침은 분명히 온다. 아침을 기다리면서 시간이 빨리 가지 않음을 불평하고 기다리면 지루하고 길게만 느껴진다. 그러나 아침이 올 것을 기대하며 기다리면 그 기대는 희망이 된다.

기다릴 것이 없는 것이 절망이다. 세상에서 정말로 절망적이고 힘든 것은 기다림마저도 없는 생활이다. 살았으나 죽은 것이나 다름없다. 기다림이 기다림으로 끝나고 말지라도 기꺼이 기다릴 줄 아는 삶의 자세가 필요하다. 마치, 사막에서 오아시스를 기다리다 신기루를 만날지언정 기다림 속에서 인내를 배우고, 희망을 키워가야 한다. 기다림은 성장을 주고 성숙하게 하기 때문이다. 적어도 삶 속에 기다림이 있는 이상 아직 희망이 있고 용기를 가지고 살아야 할 이유가 되는 것이다. 그러므로 기다림은 항상 자신을 참아내는 모진 인내심과 강한 의지가 요구된다.

디지털 시대를 살아가는 우리들은 기다리는 일을 잘못한다. 기다림에 대한 점수를 매긴다면 낙제 점수일지도 모른다. 음식도 즉석 음식을 즐기고, 의복도 맞춤은 거의 사라졌다. 편지를 기다리던 시대도 사라졌다. 현대인의 생활 습관에 관한 통계를 보면 현대인은 교통 신호가 바뀌고 나서 0.5초 이내에 앞차가 출발하지 않으면 뒤차의 운전사가 짜증을 낸다고 한다. 또한 승강기 앞에서 기다리는 시간이 3분을 넘기면 걸어서 올라가고, 택시를 기다리는 시간이 5분 이상 되면 기다리던 사람 중 반 이상은 포기한다고 한다. 기다림은 언제든 필요하건만 기다리지 못한다. 이것이 현대인의 모습이다.

성경에는 수많은 신앙 선배의 기다림이 있다. 아브라함을 비롯한 요셉도, 모세도, 한나도 주님의 약속을 기다렸던 위대한 사람들이다. 오늘날 신앙생활도 마찬가지다. 신앙인은 여러 가지 형태의 기도를 하고는 기도의 응답을 기다린다. 정말 중요하고 큰 기다림은 주님의 약속 성취의 기다림이다. 어쩌면 기다림은 인내인지도 모른다.

감사절이 끝나기 무섭게 벌써 성탄을 기다린다. 항상 내 생일보다 더 기다렸던 성탄의 간절함이 지금도 남아있다. 한 편으로는 주님의 탄생을 축하하며 성탄절 이브에 행했던 새벽송은 지금 생각해도 너무너무 아름답고 깊은 추억으로 아련하다. 또한 유초등부로부터 시작하여 청년기까지 성탄에 행했던 너무 많은 추억이 주마등처럼 스친다.

이제는 과거의 오신 예수님의 탄생일을 기다림보다는 다시 오시마 약속하신 주님을 기다려야 한다. 곧 오시마 약속하신 주님은 아직도 오시지 않았기에 우리의 간절한 기다림이 되었다. 비록 더딜지라도 기다리라고 말씀하신 하박국 선지자의 말을 명심하며 다시 오실 예수님을 기다리는 기다림을 마음에 안고 한 해를 마감하고 새해를 맞고 싶다.

[20231202]

바보 할미의 손녀 사랑 ②

사람은 언제나, 어떤 일에서든지, 누구에게나 배울 것이 있다는 말을 요즘 참 실감하며 체험하고 있다. 나에게는 두 해 전, 느지막한 나이에 하나님께서 선물로 주신 그야말로 눈에 넣어도 안 아플 재롱둥이 손녀가 있다. 이 아이를 가만히 바라보고 있노라면 나의 어린 시절이 생각난다. 나는 친가로나 외가로나 첫 손주였기에 내 조부모에게 귀한 손주였을 텐데 어느새 할미가 된 것을 보면 시간은 그렇게 흘러갔다.

내 손녀가 비록 약한 몸으로 태어났지만, 두 해를 건강하게 무럭무럭 자라게 해 주신 하나님께 감사하면서 예수님처럼 키와 지혜가 자라서 하나님과 사람들에게 사랑받는 손녀가 되기를 간절히 바라고 기도한다. 또한 하나님의 딸로 잘 자라서 많은 사람에게 유익을 주고 하나님의 기쁨이 되며, 하늘나라 확장에 귀히 쓰이는 손녀가 되기를 간절히 바라고 또 그렇게 되리라 믿는다.

손주 사랑은 짝사랑이라는 말이 있다. 그 말이 의미함을 잘 알지만, 그것은 훗날의 이야기이고 중요한 것은 지금이다. 그리고 그 말이 다 맞는 것만이 아님은 내 딸을 통해 증명되었기 때문이다. 내 딸은 나의 엄니가 천국 가시기 직전, 병상에 계실 때 할머니를 지극정성으로 잘 보살펴 드렸을 뿐 아니라 천국에 가신 지 어느덧 10여 년이 더 지났지만 지금도 할머니 이야기를 할라치면 눈물을 흘리며 보고 싶어 한다. 바로 그 나의 딸이 낳아서 기르고 있는 아이가 나의 하나뿐인 손주니까 나는 나의 모든 것을 총동원해 손주를 사랑하고 싶다.

그리고 손주가 6살 정도 되면 조부모에 대해서는 관심도 없다느니 따위의 말에는 관심이 없다. 다만 지금의 감당할 수 없이 큰 사랑이 더 귀할 뿐이다. 칠순이 다 되어 본 손주이기에 내가 백수를 살아도 사랑만 하기에도 짧은 시간이다. 그래서 안타깝기만 하다. 암튼 나의 손녀 사랑은 무조건이다.

무조건 사랑하는 손녀지만 내가 손녀 사랑이 지나쳐 문제가 생길까 봐 하나님께서 태평양을 사이에 두고 떨어져 살게 하신 것만 같다. 안아 줄 수 없고 뽀뽀할 수 없으니 그리움이 더 큰가

보다. 비단보다 더 부드럽고, 솜털보다 더 포근하고 따스한 손녀의 살결과 손녀의 내음이 더욱 그립다. 내 머릿속에는 오직 손녀로 가득 차 있다고 하는 것이 맞는 표현이다. 그것을 눈치챈 나의 딸이 이제는 엄마인 나에게 자신은 뒷전이라고 섭섭한 듯 말한다. 그러면서도 자기의 딸을 내가 이뻐하니까 말은 서운하다고 하지만 속내는 더 좋아하는 것을 알 수 있다. 이것이 내리사랑인가 보다.

내가 손녀 사랑에 빠져 삶의 활력을 얻는 것을 보고는 내 딸이 말하기를 "자기가 태어나서 부모님께 가장 크게 한 효도는 손주를 낳은 것"이라고 했다. 그 말에 전적으로 동의하며 고맙고 잘했다고 칭찬해 주었다. 또한 딸은 나에게 있을 수 없는 일이지만 "엄마를 보면 자녀는 없어도 손주는 있어야 하는 것 같다"라고 말할 정도로 나에게 손녀는 전부처럼 보였던 것 같다.

이 어린 손녀가 내게 준 선물은 말로 다 할 수 없이 크고 귀하다. 가라앉았던 내 마음을 일으켜 주었고, 누렇게 퇴색되어 가는 삶의 버거움에서 벗어나게 해 주었다. 삶에 용기와 기운을 불어넣어 준 셈이다. 정말 이 작은 아이 손녀의 역할이 이렇게 클 줄 몰랐다. 손녀의 눈빛은 너무도 영롱하여 내 마음의 어두운 부분까지 밝게 비춰주는 등불인 듯하다. 그리고 순수 그 자체인 아이의 미소 앞에 마음이 겸손해지고 만다. 어떤 한 목사님께서 "손주가 없는 사람은 인생을 말할 자격이 없다"라고 하신 말씀이 새삼 생각날 정도로 손녀는 내게 인생의 많은 것을 알게 해 준다.

이 세상에서 겨우 2년여 정도 산 손녀지만 손녀의 '예쁜 짓'에 대한 혼자 알기엔 아까운 일이 있다. 이곳에 과감히 공개해 보려 한다.

나와 내 딸은 아침잠이 많은 데 비해 손녀는 아침 6시가 되면 어김없이 일어난다. 자기 혼자 있는 방에서 자다가 깨면 아이 대부분은 엄마를 찾아 울거나 징징대지만 내 손녀는 혼자 깨어 잘 잤다는 듯이 명랑한 표정으로 애착 인형과 함께 한 시간 반가량을 홀로 논다.

아침에 깨어나서 뿐 아니라 밤에도 잠옷을 입히고 잠자리에 눕기 전에 성경 읽어주고 기도하고 나면 자기 엄마에게 "엄마 빠이"라고 손을 흔드는데 딸 역시 "잘 자"라는 말을 하고 나오면 저 혼자 30분 이상을 뒹굴며 찬송을 부르기도 하고, 기도도 하고, 옹알거리다 잠이 든다.

나는 아침저녁으로 손녀의 혼자 노는 모습을 휴대전화기 앱으로 보는 것이 일상이 되었다. 하루도 놓치지 않고 그 시간을 기다린다. 그 모습을 보고 있노라면 너무도 귀엽고 예뻐 솟구치는 사랑의 감정을 주체할 길이 없다.

손녀가 사는 곳과 내가 사는 한국은 시차가 있기에 손녀가 저녁에 인사하는 시간이 나에게는 아침 인사 시간이다. 멀리 떨어져 살기에 그런 것이기도 하겠지만, 아침에 눈을 뜨면 제일 먼저 휴대전화기에 손이 간다. 서둘러 보이스톡을 넣는다. 그리고 이내 화상대화로 바꾸어 손녀의 인사를 받는다. 손녀는 조금은 능청스럽게 웃으면서 할머니인 내게 인사를 한다. 거기까지는 완전 행복의 도가니다. 그런데 나를 보면서 멋쩍은 미소로 할아버지를 찾는다.

할아버지를 '하삐'라 하고, 할머니를 '나나'라고 하는데, 나의 손녀는 나를 보면서도 "하삐다"라고 외치며 할아버지를 찾는다. 그러면 전화기를 할아버지에게로 돌려 하삐의 웃는 얼굴을 보여준다. 그러면 씨익 웃고는 다시 "나나다"를 외치며 할머니를 찾는다. 손녀의 명령(?)에 순복한 우리 부부는 그저 행복뿐인 바보가 되어 전화기를 할아버지 손에서 내 손으로, 그리고 다시 할아버지 손으로 왔다 갔다를 여러 번 반복하며 바쁘게 움직인다. 그렇게 하루가 시작된다.

내 손녀는 아빠, 엄마가 모두 목사님이라 그런지 찬양과 예배를 매우 좋아한다. 그리고 조용한 예배 도중에도 혼자서 '아멘'을 잘하여 모자실 분위기를 바꾸어 놓기도 한다고 한다. 또한 예배에 임하는 자세는 가히 본받을 만하다. 기도하자고 하면 두 손을 모으고 눈을 감고 경건한 태도를 보이는데 얼마나 앙증맞은지 모른다. 교회에 가서 성도들을 만나면 시키지도 않았는데 두 손을 모으고 고개를 90도로 숙이면서 제대로 되지도 않는 발음으로 "안녕하세요"라고 한다니 내가 보기에도 이렇게 예쁘고 기특한데 우리 주님이 보실 때는 어떠할까?

딸 내외가 동영상으로 찍어 보내온 순진 속에 나타난 손녀의 코믹한 에피소드가 있다. 어느 날, 딸 내외가 손녀와 함께 외출하고 돌아왔을 때 일이다. 손녀가 자기 아빠를 크게 불렀다. 그런데 자기 아빠가 무슨 일인지 대답을 빨리 못하였다. 그러자 갑자기 손녀는 '여보'라고 외친다. 아마도 손녀는 평소 자기 엄마가 자기 아빠를 그렇게 부르면 대답하던 것을 생각하며 그렇게 부른 것 같다.

손녀의 목소리는 유난히 카랑카랑한 편이다. 자기 엄마 아빠를 부를 때보면 그 소리가 얼마나 낭랑한지 모른다. 그런데 그 카랑카랑 목소리로 한 번만이 아니라 여러 번 반복하여 '여보'라고 부르니 우리는 모두 깜짝 놀랐다. '여보'라고 부르는 그 음성과 발음이 얼마나 또렷한지 지금도 그 소리가 귀에 쟁쟁하고 생각하면 할수록 웃음이 나서 그 동영상을 보고 또 보곤 한다.

더 많은 이야깃거리가 있지만 바보 할미의 손녀 사랑을 가장 마음 깊이 느끼게 하고 또 나를 가장 신나게 하는 것은 나를 아는 사람들이 내 손녀가 나를 많이 닮았다고 하는 말이다. 하나뿐인 손녀가 나를 닮았다니… 얼마나 행복한지 말로 다 표현할 수 없다. 비록 사진으로 보는 것이지만 나는 손녀를 눈에 넣을 정도로 뚫어지게 본다. 보면 볼수록 더 예뻐지는 것만 같다. 바보 할미의 손녀 사랑은 오늘도 쉴 틈이 없이 새록새록 솟아오른다.

[20240302]

기억 속에 어린이날

5월이 되면 어린이날, 어버이날, 또 요즘은 부부의 날까지 있다. 그래서 5월을 '가정의 달'이라고 한다. 이때가 되면 자녀로서 부모님께 다하지 못한 효도로 인해 마음이 무겁고, 자녀에게는 좋은 부모가 되어 주지 못해 마음이 무겁고, 남편에게는 좀 더 부드럽고 사랑 넘치는 아내가 되지 못해 마음이 무겁다. 그래서 5월은 마음이 무거운 달이다. 지금도 이 무거운 마음에서 헤어나오지 못하고 허우적거리고 있다.

나 어린 시절의 어린이날은 지금과 같이 어린이를 위한 특별한 날이 아닌 그저 이름만 어린이날이었던 것 같다. 또한 지금처럼 공휴일도 아니었다. 어린이날이 공휴일로 지정된 때가 1970년이었으니까 지금과 같은 어린이날다운 어린이날은 아니었다. 그러나 어린이날만은 학교 선생님들로부터 소위 말하는 훈계나 숙제도 없을 뿐만 아니라 수업 시간도 단축하고 학교에서 제일 가까운 남산 어린이 놀이터로 우리를 데리고 가서 놀게도 하셨고, 어떤 해에는 야외 미술대회로 보내기도 했다.

지금은 지천에 어린이 놀이터가 있지만, 그 당시엔 지금처럼 아파트 단지가 없던 시절이라 어디에서든 어린이를 위한 놀이터는 찾아보기 힘들었다. 그것은 서울도 다를 바가 없었는데 내 기억으로는 남산에 어린이를 위한 공원이 하나 조성되어 있었다. 지금 돌아보면 지금의 동네 놀이터보다도 못한 시설의 놀이터였지만 어린 우리들에게는 가보고 싶은 곳이었고, 학교가 남산 근처에 있으니 그 혜택을 많이 본 셈이다.

가정에서도 지금처럼 어린이날이라고 특별한 이벤트를 기대할 수 없던 시절이었다. 말이 어린이날이지 다른 날과 별로 다르지 않았다. 우리 가정도 마찬가지였으나 나의 부모님은 어린이날을 상기시킬 특별한 음식과 간식을 마련해 주시거나 읽어야 할 명작이나 위인전을 사 주셨던 것으로 기억된다. 말로만 어린이날이지 정부에서나 그 어디에서도 어린이를 위한 특별한 행사 같은 것은 없었던 시절에 나의 부모님이 자녀를 위해 어린이날에 이렇게 해주신 것은 참으로 감사한 일이었다.

특별히 올해의 어린이날은 여느 해와는 다른 뜻이 있는 어린이날이다. 1923년 방정환 선생과 색동회가 어린이날을 지정하면서 시작된 어린이날이 100살이 되는 해이기 때문이다. 이처럼 뜻있는 때에 내가 겪은 잊지 못할 어린이날의 잊지 못할 추억 하나를 생각해 보려 한다.

그것은 내가 어린 시절을 다 보내고 청년기에 접어든 대학 2학년 때 맞은 어린이날의 일이다. 그때가 1975년이었으니까 어린이날은 물론 공휴일이었다. 그날 나의 부모님은 교회의 한 부서에서 친목 야유회가 있어 출타하셨다. 나의 엄마는 자녀들이 먹을 점심과 간식을 잘 준비하여 놓으시고 맏딸인 나에게 동생들과 잘 지내고 있을 것을 당부하시고 떠나셨다.

부모님이 떠나시고 얼마를 지났을까? 눈에 들어오는 것이 있었다. 그것은 엄마가 자녀들이 보도록 정성스레 써 놓으신 편지였다. 어디를 오랫동안 다녀오시는 것도 아니고, 단 하루 다녀오시는데 무슨 편지인가 의아해하며 글을 읽기 시작했다. 그 글은 어린이날에 자녀들을 두고 엄마와 아버지만 야외로 나간 것을 몹시 미안해하시는 내용의 글이었다. 엄마의 자녀 사랑하는 마음이 너무 커서 우리들은 모두 다 울고 말았다.

당시 우리 집엔 맏딸인 나는 대학생이었고, 막내가 중학교 2학년이었기에 사실 어린이라고 할만한 어린이는 없었다. 그런데도 엄마 마음엔 모두 다 어린이로 보셨던 것 같다. 설사 어린이가 있었다고 한들 아침도 맛있게 먹여주시고, 늦은 오후엔 돌아오실 것이고 기껏해야 점심 한 끼 우리끼리 먹는 것뿐인데 그것을 그렇게도 미안해하시다니… 그것도 우리들의 점심을 위해 정성껏 삼계탕을 끓여 놓으시고 가셨음에도.

이 일은 엄마의 마음을 너무도 잘 보여준 하나의 작은 사건이었지만 내 마음에는 너무도 크게 남겨진 사랑의 사건이었다. 나의 엄마는 항상 그런 마음을 가지고 사셨던 분이시다. 엄마가 보시기에 우리 남매들은 언제나 어린이였다. 부모는 환갑이 된 자녀에게도 '차 조심해라'라고 한다는 옛말이 그냥 나온 말이 아님이 실감 되는 일이었다. 또한 "사람은 누구나 다 어른이 되는 것은 아니다. 단지 아이가 나이를 먹을 뿐이다"라는 유대인의 격언도 생각났다.

동서고금의 진리 중의 하나는 훌륭한 자녀 배후에는 훌륭한 어머니가 있었다는 점이다. 성경 역시 그 점을 보여준다. 모세에겐 믿음의 어머니 요게벳이, 사무엘에겐 비전의 어머니 한나가, 디모데에겐 모범적 어머니 유니게가, 유니게에겐 희생하는 어머니 로이스가 있었다고 성경은 말한다. 또한 어거스틴에겐 기도의 어머니 모니카가, 웨슬리에게는 현명한 어머니 수산나가 있었다. 그리고 우리 남매에겐 믿음과 비전과 희생과 기도의 어머니요 현명하고 사랑이 많으신 어머니가 계셨음이 얼마나 감사하고 자랑스러운지 모른다.

나도 나의 엄마가 아름다운 추억을 만들어 주신 것처럼 금년 어린이날엔 비록 결혼하여 자녀를 둔 딸이지만 그 딸에게 어린이날의 멋진 추억 하나 만들어 주고 싶다.

[20220502]

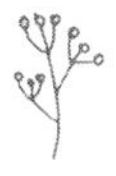

어린이가 되고 싶다

올해도 어김없이 5월은 왔다. 푸르름의 5월은 가정의 달로 누구나 다 아는 어린이날과 어버이날, 그리고 부부의 날까지, 가정과 연관된 날이 많다. 이렇게 5월이 되어 어린이날이 오면 나 어릴 적 어린이날이 생각난다.

요즘은 어린이날이 되면 온통 어린이 천국이 되고, 나라 전체가 어린이에게 초점을 맞춘다. 그러나 내가 어릴 때의 어린이날은 지금처럼 공휴일이 아니었다. 가정에서도 사회에서도 어린이를 위한 특별한 것은 별로 없었다. 그저 어린이날 노래를 부르고 수업을 단축하는 정도였다. 그런 시절임에도 내가 다니던 초등학교에서는 담임 선생님께서 학교에서 가장 가까운 남산 어린이 놀이터로 우리를 데리고 가서 놀게 했던 일이 기억에 아물

거린다.

그리고 며칠 후에 있는 어머니날(지금은 어버이날)이 되면 고사리 같은 손으로 정성껏 만든 카네이션이라고 말해야 카네이션처럼 보이는 꽃을 마치 무슨 대단한 것인 양 으스대면서 엄마 가슴에 달아드렸다. 그리고 학교에서는 어머니 은혜를 생각하면서 어머니께 편지를 쓰게 했다. 나는 이제부터 엄마 말씀 더 잘 듣고, 동생들을 더 잘 돌보고, 공부도 열심히 하겠다는 말을 항상 썼지만, 항상 그렇게 살지 못했던 일이 아련히 떠오른다.

그 후 시간은 흘러 나 역시 내 딸에게서 어버이날이면 편지를 받았다. 편지의 내용은 세월이 흘렀건만 내가 어릴 때 썼던 내용과 흡사하다. 그런데 내 딸이 초등학교 저학년 때 나에게 쓴 편지 서두에 어디서 배웠는지 뜻도 제대로 모르면서 '어머니 전상서'라는 말을 써서 한바탕 웃던 일도 있었다. 이러한 일들이 바로 어제의 일 같은데 내가 어른 중에서도 어른인 노인이 되었다.

세상 노인 중에서 노인이 되고 싶어 노인이 된 노인은 없을 것이다. 그러나 절대로 있을 수 없는 일이지만 과거로 돌아가 어린이가 되고 싶은 마음을 가진 노인은 있을 것 같다. 바로 내가 그런 사람이다. 나라에서 노인이라 정한 나이를 훨씬 지났으니 내가 노인은 노인인가 보다.

옛 노인들이 자주 말하던 '나이는 먹었으나 마음은 아직도 젊다'라는 말이 생각난다. 제대로 인생을 살아왔다면 지금쯤 지혜와 덕과 자애로움과 인자함 등이 넘쳐야겠건만 그것보다는 아직도 어린아이만도 못한 욕심과 아집으로 가득하여 있는 것은 아닌지 돌아보게 된다.

그러다가 맑고 투명한 눈망울의 손녀를 보며 내 어린 시절을 생각했다. 그 시절이 그리워짐과 동시에 어린이가 되고 싶은 마음이 들었다. 분명 나도 어린이였을 적이 있었는데 왜 갑자기 어린이가 되고 싶은 것일까? 그것은 어린이가 되고프기보다는 무한한 가능성을 지닌 어린이처럼 단순하고 천진스러워지고 싶다는 말일 것이다. 지금 이 나이에 그렇게 살면 안 되는 것일까?

내 손녀는 이제 막 첫 돌을 보냈으니 어린이라고 하기에는 너무 어리다. 어린이 중의 어린이인 영아(嬰兒)라고 해야 맞는 말이다. 그런데 이렇게 어린 아기의 옹알이 속에서도 가슴 뭉클하게 하는 표정이 있다. 나의 손녀가 어느 날, 10여 분 동안 쉬지 않고 옹알이를 하는데 그 표정과 그 몸짓이 예사롭지 않았다. 너무도 예쁘고 귀엽고 우스워서 그 광경을 동영상으로 찍어 지인들에게 은근 자랑질을 했다.

그것을 본 어떤 목사님께서 이런 질문을 하셨다. "이 아기는 언제, 어디서 안수를 받았나요?" 갑작스러운 질문에 의아했다. 그리고는 이내 알아차렸다. 그 이유인즉, 손녀의 옹알이하는 표정과 몸짓과 말투가 무슨 말인지는 몰라도 진지하고 심각한 모습이 마치도 성도들을 일깨우는 목사님의 설교 모습과 흡사하여 너무도 귀여운 나머지 장난끼를 섞어 물었다는 것이다.

그래서 나는 이렇게 말했다. 안수는 하늘나라에서 받은 것 같다고. 그리고 저 아기가 하는 말은 하늘나라의 말이라서 우리가 알아듣지 못하는 것이라고. 다시 말하면 하늘나라 방언으로 설교하는 것이라고 신나게 부풀려 재미있게 응수했다. 이 일이 너무도 흥미로워 손녀의 엄마인 내 딸에게 말했더니 "목사님 같은 것이 아니라 부흥사가 호통치는 것 같은데!"라고 한술 더 떠 말하여 박장대소했다.

그러면서 우리는 못 알아들어도 자기 나름의 말을 하는 것은 분명하니까 정말 진지한 옹알이의 뜻이 알고 싶었다. 마음이 청결하면 알아들을 수 있을 것만 같았다. 아니, 하나님의 나라가 이런 자의 것이라고 말씀하신 예수님의 말씀이 생각났다. 어쩌면 천국의 말이 이런 아기들의 말은 아닐까 하는 생각도 해 보았다.

어린아이가 하는 말을 들어보면, 때 묻은 어른이 생각할 수 없는 오묘하고 기상천외한 오직 어린이만 생각할 수 있는 말들이 많다. 가끔 생각나서 혼자서 웃기도 하지만 참으로 의미 있게 느껴지는, 재미있는, 나 혼자 알고 있기에 아까운 의미심장한 말도 있다. 그리고 자신의 유익이나 무슨 목적을 가지지 않은 천진스러운 말속에는 어른이 본받아야 할 말들도 많이 있음을 느낀다. 어린이가 하는 말이라고 무시하거나 간과해 버리지 말고 진솔한 아이의 말을 통해 자신을 반추해 볼 필요도 있다고 말한다면 나의 과한 생각일까?

그리고 나니 내 딸의 어린 시절에 있었던 일이 생각난다. 목사인 자기 아빠가 이따금 한숨을 쉬면서 '하나님 아버지'라고 하는 것을 보고는 딸 자신은 '하나님 할아버지'라고 큰소리로 외치듯 말하였다. 자기 아빠에게 아버지면 자기에게는 할아버지가 맞는 칭호라고 생각했던 것이었다. 이 얼마나 순수한 생각인가? 지금도 이 이야기를 하면서 웃음꽃을 피운다.

어른들은 어린아이를 보면서 "네가 무슨 걱정이 있겠니?"라는 말을 혼잣말처럼 종종 한다. 그 말에는 앞으로 살아야 할 세상살이에 대한 어른들의 기우도 있고, 또 삶이 힘듦을 그렇게 표현하는 것이지만 나는 그보다는 순진하게 웃는 귀엽고 사랑스러운 모습이 너무도 행복하게 보여 부럽기 때문은 아닐까 생각한다.

나도 세파에 물들지 않고 세상살이 걱정이 필요 없는 순진하고 무한한 가능성을 가진 때 묻지 않은 그런 시절이 있었다. 나이를 먹어가면 갈수록 나이만큼 세파에 물들게 된다. 그렇게 새하얀 백지 같았던 마음에 지울 수 없을 만큼 많은 것들이 복잡하게 그려진다. 세월은 순수는 없어지고 천진이라는 말과는 거리가 점점 멀어지게 만들었다. 그렇게 되는 것이 아쉽고 안타깝다.

이렇게 싱그럽게 푸르른 5월이 오면 어린이날과 어버이날의 갖가지 추억이 떠오르면서 내 어린 시절의 모습을 그려보게 된다. 그때가 그립다. 그런 어린 시절로 돌아가고 싶다. 예수님께서는 어린아이들을 불러 가까이하시면서 어린아이들을 안고 안수하시고 축복하셨는데 그런 사랑을 받을 어린이 같은 어른으로 살고 싶다. 아니 어린이가 되고 싶다.

어른이 되어도 어린아이 같은 마음을 지닌 어른이 될 수는 없을까? 아니, 부분적으로라도, 순간만이라도 어린이 같은 깨끗하고 순수한 마음을 가질 수는 없을까? 천진한 어린이 같은 어른으로 살 수는 없을까?

천진한 어린이 같은 어른으로 살아가는 어린이가 되고 싶다.

[20230504]

엄마와 봄

"삼월이면 모춘이라 청명 곡우 절기로다"라는 여고 시절에 외우던 농가월령가가 생각나는 3월이다. 지루한 긴 겨울을 보내고 3월이 되면 먼 산에 아지랑이가 실제로 피어오르기 전에 이미 우리 마음에 아지랑이가 성급하게 피어오른다. 나도 창밖을 바라본다. 누렇다 못해 삭막하게만 보이던 먼 산이 뭔지 모를 푸르름이 보이는 듯하다. 또한 정지되었던 산하의 꿈틀거림도 보인다.

그리고 봄을 유난히 좋아하셨던 나의 엄마가 맞으시던 그 봄도 보인다. 엄마는 겨울 끝자락 속에서 봄이 오는 때를 좋아하셨다. 지루한 겨울의 터널 끝이 보이는 때가 되면 엄마는 먼 아지랑이 속에서 수줍은 듯 미소 지으며 찾아오는 봄을 가장 먼저 알아

차리시고 봄 맞을 준비로 분주하셨다. 봄의 내음은 엄마의 입술의 흥얼거림으로 시작되어 본격적으로 우리에게 전달되었다. 봄이 되면 엄마는 우리에게 언제나 봄노래를 가르쳐 주셨다. 그렇게 어릴 때부터 엄마에게 배운 봄노래가 하나씩 둘씩 떠오른다.

"버들강아지 눈 떴다. 봄 아가씨 오신다. 연지 찍고 곤지 찍고 꽃가마 타고 오신다."

"가만히 귀대고 들어 보면은 얼음장 밑으로 봄이 와요."

"봄이 오면 산에 들에 진달래 피네. 진달래 피는 곳에 내 마음도 피어…"

"동무들아, 오너라. 봄맞이 가자. … 종다리도 봄이라 노래 부른다."

"연못가에 새로 핀 버들잎을 따서요. 우표 한 장 붙여서 강남으로 보내면…" 등등

이렇게 봄 노래를 가르쳐 주실 때면 엄마의 숨소리는 마치 날아갈 듯 가볍게 보였고 엄마의 모습은 자못 소녀 같았다. 꽁꽁 언

땅이 막 녹아 질척이는 땅에서 파릇하게 피어나는 새싹을 보며 신기해하시던 엄마는 언제나 봄이 오는 길목에 이르면 희망도 함께 맞이하셨다.

봄을 맞는 엄마의 이러한 모습 때문인지 따뜻한 봄볕이 우리를 따뜻하게 하여 봄이 오는 소리가 유난히 더 크게 들리는 날은 엄마가 더욱 보고 싶어진다. 살아 계신다면 지금쯤 두꺼운 옷을 벗어버리고 파릇하게 돋아난 새싹을 보러 가자고 하실 엄마가 떠오르며 그렇게도 소녀 같은 엄마가 많이도 그립다.

이렇게 엄마가 그리운 날에는 엄마와의 추억을 더듬으려 한 장의 편지를 쓴다. 받아 볼 엄마는 안 계시지만 마음속에 살아 계시는 엄마에게 거스르는 일 없이 잔잔히 들어줄 나만의 이야기로 그리움을 바친다.

육십을 바라보는 때에 나에게 엄마가 살아 계심은 행운이라고 생각하면서 칠십이 되었을 때도 엄마의 체온을 느낄 수 있게 이 땅에 계시기를 기대했었다. 그러나 하나님의 뜻과 내 뜻은 달랐다. 그렇게도 좋아하던 봄을 지나고 여름으로 가는 어느 날 엄마는 늘 봄날만 있는 천국으로 소리 소문도 없이 훌쩍 이사하셨다. 나의 엄마는 이 땅에 안 계시지만, 그러나 어디에든 엄마는 계신다. 내리는 눈에도 엄마는 계시고, 부는 바람에도 엄마는 있다. 이 봄에 엄마는 꽃가마 타고 내 마음속에 오신다.

나의 엄마를 말할라치면 나의 엄마는 순정 소설의 여주인공 같았다. 말씀이 많지 않아 자세히는 알 수 없지만, 가끔 흘러나오는 말의 내용을 엮어보면 더욱 그러했다. 추억이 서린 그런 날들이 오면 그날에 얽힌 추억거리들을 찾아내어 말씀해 주시곤 했으니까 말이다.

엄마라는 호칭이 오늘따라 더 마음을 찡하게 만든다. 엄마! 나를 낳아 주고 길러주신 분에게 칭하는 호칭이 어머니 혹은 엄마다. 그러나 때로 우리는 친구의 어머니에게도 어머니라 부를 때도 있다. 어머니라는 호칭은 그렇게 나를 낳지도, 기르지도 않은 사람에게도 칭할 수 있는 이름이다. 그러나 엄마는 아니다. 다르다. 친구의 어머니를 엄마라고 부르지 않는다. 그리고 배우자를 낳고 기른 어머니에게도 엄마라고 하지 않는다. 오직 나를 낳고 길러 준 어머니만이 들을 수 있는 호칭이 엄마다.

엄마란 이름은 정말 대단하다. 엄마라는 호칭은 어머니 이상이다. "엄마"란 말은 '당신을 믿어요'라는 뜻이고 '당신은 나를 보호해 줄 거예요'라는 뜻이다. 아플 때도 엄마, 무엇을 찾을 때도 엄마, 비상시에 찾는 것은 무조건 엄마다. 엄마는 다급할 때 외치는 이름이고 기쁠 때 함께 웃어 주는 존재다. 엄마는 슬플 때 기대어 울 수 있는 존재이고 창피할 때 뒤에 숨을 수 있는 존재다.

엄마는 상처를 호호 불어 주고 아픈 마음을 달래 준다. 엄마의 품은 늘 포근하고 안전하다.

내가 엄마가 되고 40여 년 넘고 보니 엄마가 무엇인지 조금은 알 것 같다. 엄마가 가르쳐 주신 봄 노래는 칠십을 바라보는 지금도 기억 속에, 마음속에 그대로 남아있다. 영원히 내 맘에 계시는 엄마처럼 말이다. 엄마는 영원한 존재다. 이 봄이 지구상에 있는 한, 나의 엄마는 내 마음속에서 여전히 봄을 맞고 계신다.

나의 엄마는 그렇게 좋아하던 봄에 나를 낳으셨다. 그렇기에 봄을 맞을 때면 엄마 생각이 더욱 절실하다. 엄마와 나는 봄이 되면 언제나 마당 한쪽에 자그마한 꽃밭을 일구고 지난가을에 받아서 말린 꽃씨를 뿌렸다. 그리고 뿌린 씨가 싹이 되어 나오기를 오매불망 기다렸다. 싹이 나오면 천진스럽게 환하게 웃으시며 행복해하셨던 엄마셨다.

내 나이 비록 겨울을 향해가는 나이지만 어릴 때의 엄마와 함께 봄을 맞던 그 마음 그대로다.

오늘은 조용히 엄마를 불러 본다.

“엄마! 봄이 왔어요.”

[20220302]

조개탄 난로의 추억

우리나라는 아무리 추운 겨울도 시간이 지나면 봄이 오고, 아무리 더운 여름도 시간이 지나면 가을이 오는 사계절의 선물을 받은 나라다. 이처럼 한 계절에 싫증이 날만 하면 또 다른 계절이 우리에게 온다. 이것은 변함없는 진리이기에 감사하기보다는 당연한 것으로 생각되어 무뎌진 마음이다. 아무리 좋은 계절도 계속해서 이어진다면 싫증이 나고, 또 우리의 생활이 나태해질 수도 있다. 하나님께서 주신 이 사계절이 얼마나 감사한지 모르겠다.

지난 몇 해 동안 겨울은 겨울답지 않게 따뜻했는데 이번 겨울은 겨울다운 매서운 추위가 우리를 꽁꽁 얼어붙게 했다. 늦가을부터 우리에게 찾아온 추위는 예사롭지 않았다. 기상청의 예보대로 추위와 함께 서해안에는 이른 폭설이 내리고 전국적으로 눈이 많이 내렸다. 이번 겨울은 오랜만에 '겨울은 이런 것'이라는 듯 겨울 맛을 제대로 알려 주었다. 예전에는 추워도 삼한사온이 있어 3일 추우면 4일은 좀 덜 춥기도 했건만 이번 겨울에는 그것조차 사라져 버렸다. 그러나 혹독한 추위는 일찍 물러갈 것이라는 예보도 있었으니 그것을 기대해 본다. 그리고 봄은 오고야 만다. 반드시 온다.

나 어릴 적에는 이 정도의 추위는 추위도 아니었다. 해마다 한강이 얼었으니까 말이다. 지금은 수도꼭지만 틀면 더운물이 나오고, 방안의 웃풍도 옛날 집처럼 심하지 않고, 옷도 갈수록 진화하여 얇으면서도 따뜻한 옷들이 많이 나왔다. 발전하는 세태의 영향으로 추위를 덜 느끼기도 하겠지만 실제로 내 어릴 적의 겨울은 정말 무척 추웠다.

집에서 학교로, 학교에서 집으로 다시 귀가할 때까지 온몸이 꽁꽁 얼어 있었기에 동상에 걸려 고생하는 친구들도 많았다. 지금은 몸을 녹여주는 손난로가 흔하지만, 그때는 기껏해야 털실로 짠 장갑이 고작이었다. 나의 어머니는 그나마 조약돌을 달구었다가 등교하는 내 손에 쥐여 주기도 하셨다. 또한 지금은 버스 안에 난방장치가 되어있어 버스를 타면 따뜻하지만 내가 학교 다닌 시절엔 버스 안에도 사람이 많이 타서 사람의 입김과 체온으로 데워지지 않으면 버스 안도 추웠다. 그것도 낡은 버스가 대부분이라 버스가 달리면 바람이 버스 안으로 신나게 들어왔다.

학교 교실 안이 바깥 추위보다는 덜 추웠지만 교실 안에서도 몸이 얼기는 마찬가지였다. 지금은 어떤지 모르겠지만 그때는 영하 4도 이하가 되어야 난로를 피워 주었다. 그래서 학교에 가기 전에 일기예보를 꼭 들었다. 겨울엔 대기 온도가 중요했고, 여름엔 날씨 상태가 중요했다. 그 습관이 지금까지도 계속되고 있는 것을 보면 그때 겨울의 일기예보는 정말로 중요한 것이었다.

기온이 많이 내려간 날, 학교 교문에 들어서면 운동장은 온통 노란 연기로 자욱했다. 그것은 교실마다 있는 난로 연통에서 나오는 연기 때문이었다. 그 연기의 범인은 바로 조개탄이었다. 조개탄은 무연탄을 주재료로 조개 모양으로 만든 땔감이다. 그런데 이 당시의 조개탄은 불이 붙으면 이산화탄소가 포함된 노란색 연기가 났다. 그래서 그런지 지금도 그때를 생각하면 노란 하늘이 보이는 듯하고 머리가 아프고 기침이 난다.

1960년대 서울 시내의 학교 난로는 거의 가 이 조개탄 난로였다. 이 난로는 먼저 불쏘시개를 넣고 불을 붙인 뒤, 그 불 위에 조개탄을 부어 불이 붙으면 따뜻하게 되는 원리의 난로였다. 교실 한가운데에는 이러한 난로가 놓여 있었다. 그러나 난로가 교실 전체에 온기를 주기보다는 난로 주위에 앉은 아이들에게만 그

혜택이 있었다. 허술한 유리창은 바람이 들어오기에 충분했고, 난로 주위에 앉은 아이는 난로 열기에 얼굴이 달아올라 벌겋게 되었지만, 온몸이 다 따뜻한 것을 아니었다. 발은 시렸고, 난로와 거리가 멀면 멀수록 더 추웠다. 그나마 열기 있는 난로는 점심시간까지만 가능했다. 한 학급당 배급받은 조개탄의 양이 너무 적었기에 점심시간이 지나면 난로의 열기는 다 사라지고 교실 안은 점점 더 싸늘해졌다.

저학년일 때는 수업이 오전에 끝나 별문제가 없었지만, 수업이 오후까지 진행되는 4학년이 되면서부터는 추위를 견뎌야만 했다. 그때부터 아이들은 너무 추운 나머지 해서는 안 될 일을 하기에 이르렀다. 그것은 난로에 필요한 조개탄을 창고에 가서 몰래 가지고 오는 일이었다. 한 마디로 훔쳐 오는 일이었다. 어떤 아이는 의기양양하게 가서 거리낌 없이 조개탄을 양동이에 가득 담아오기도 했다. 선생님은 이렇게 하는 일이 나쁜 것인 줄 알면서도 추워하는 제자들이 안쓰러운 마음에서인지 은근 묵인하기도 했다.

그런데 간담이 큰아이도 자기 혼자 이 일을 도맡아 할 수 없다는 생각이 들었는지 학급의 모든 아이를 이 일에 공범으로 가담시키기에 이르렀다. 결국 키와 몸집이 큰 아이들부터 이 일을 하도록 했다. 나는 키도 작고 몸집도 작아 반 아이들의 순서가 다 끝날 무렵 순서에 들어 있었다. 점점 내 차례가 다가오는 불안을 제외하면 몰래 조개탄을 가져오는 아이들 덕분에 오후 시간도 그나마 따뜻하게 지낼 수 있었다.

나는 내 순서가 점점 다가올수록 전전긍긍했다. 내 양심상 도저히 그 일은 할 수 없을 것 같았다. 학급의 모든 구성원이 다 하는 일을 내가 못 하겠다고 한다면 나는 반 아이들 사이에 완전히 찍힐 것이고, 아이들은 나에게 착한 척하지 말라고 비난할 것은 자명한 일이었다. 그보다 더 무서운 것은 만일 그 일을 하다가 들키는 날이면 퇴학을 당할지도 모른다는 무시무시한 생각이 나를 압박했다.

기도도 해 보았다.

"하나님, 어떻게 해야 하나요? 이것은 나쁜 일인데… 도와주세요. 나는 하고 싶지 않지만 안 할 수 없는데…"

그런데 불행 중 다행으로 겁이 나고 무거운 마음의 그 일을 한 번도 할 기회가 없이 지나갔다. 내가 당번이 되었을 때, 그때마다 불가사의한 일들이 생겼다. 선생님께서 긴요한 심부름을 시켰든지, 혹은 단축수업으로 인해 조개탄이 더 필요 없든지 아무튼 용케도 피할 수 있었다. 그것은 하나님께서 나의 작은 기도를 들어주신 것이 틀림없다.

그렇게 내 초등학교 시절의 겨울은 불안함과 함께 더 추웠다. 그런데 이 불안한 일은 조개탄을 난방용 연료로 사용하던 여고 시절 때도 마찬가지였다. 그때도 대범한 아이는 창고에 가서 조개탄을 몰래 가져오기도 했으나 당번을 정하여 가져오지는 않았다. 얼마나 다행이었는지 모른다.

요즘 아이들은 조개탄이 무엇인지도 모른다. 지금도 양동이에 담긴 조개탄과 노란 연기 자욱한 학교의 운동장, 그 조개탄 난로 위에 빼곡히 쌓아 놓은 양은 도시락의 모습이 주마등처럼 내 머리에 스치면서 힘들었던 그 시절이 생각나고 그리워진다. 그리고 뭔지 모를 미소가 떠오른다.

겨울이 추우면 추울수록 봄이 오기를 갈망하게 된다. 또한 겨울이 매우 추우면 봄은 절대로 오지 않을 것 같다. 그러나 노란 하늘의 학교 운동장에도 파란 하늘이 보이기 시작한다. 봄이 오고 있었다.

[20230201]

희귀한 관계의 사제지간

제자를 양육하는 교사의 큰 보람은 제자가 훗날 그 선생님을 기억하고 찾아왔을 때라는 말을 수도 없이 들었다. 나는 비록 짧은 기간 동안 교사 생활을 했지만, 그 말이 무슨 말인지 깊이 공감한다. 컴퓨터가 대중화되기 시작하면서 스승과 제자, 또는 학교 동문을 찾는 인터넷 사이트가 생겨 같이 공부하던 소식이 끊긴 친구도 찾고, 보고팠던 선생님도 찾는 것이 활발하게 이루어지던 때에 나도 그 사이트를 통해 잊고 지내던 친구를 찾기도 했다.

그런데 바로 그 사이트에서 나를 찾는 한 여인이 있었다. 설레는 마음으로 자세히 살펴보니 자신의 중학교 때의 선생님을 찾는 데 그 찾으려는 선생님의 이름이 바로 내 이름 석 자였다. 얼마나 놀랐는지 가슴이 두근거렸다. 짧은 기간의 교사 생활이라 나를 찾는 제자가 있을 것이라는 생각은 전혀 하지 않았기에 더 놀랐던 것 같다.

그런데 찾는 사람의 이름을 보니 전혀 모르는 이름이었다. 원래 자타가 공인할 만큼 사람 이름을 잘 기억하는 나였기에 참으로 의아했다. 혹시 동명이인의 다른 사람을 찾는 것은 아닌가 하여 학교 이름, 과목 등을 자세히 보았다. 분명 나를 찾는 것이었다. 잠시의 빈틈도 허락하지 않고 그 제자와 연결했다. 대화를 이어나가던 중, 비로소 그 제자가 누구인지 알게 되었다. 그 제자는 내가 수업을 담당하는 반의 학생이 아니었다.

나는 당시 중학교 2학년 한 반의 담임을 맡고, 수업은 중학교 2학년과 1학년의 몇 개 반에서 맡아 했다. 그 제자는 당시 3학년이었기에 내가 기억하지 못하는 것은 당연한 일이었다. 그런데 그 제자는 이렇게 말하는 것이었다. 자신의 반 학생을 가르치지는 않았지만, 결근한 선생님을 대신하여 내가 자기 반에 들어가서 자습을 시킨 적이 있다는 것이었다.

그때 학업과는 직접 관계없는 삶에 관한 이야기를 해 주었는데 그 말 중에 자신에게 너무도 소중한 내용이 있어 가슴 깊이 새겨들었다고 했다. 훗날, 고등학교에 진학하고, 또 대학에 진학하면서 그때 내가 해 준말을 잊지 않고 교훈으로 삼고 살면서 이런 귀한 말을 해 주신 선생님은 지금쯤 어디서 무얼 하며 사실까를 생각하다가 마침 선생님을 찾는 인터넷 사이트를 보고 나를 찾게 되었다고 했다. 나는 얼마나 기뻤는지 모른다. 그러면서 그때 내가 무슨 말을 해 주었는지 들어보고는 교사들은 한마디 말과 일거수일투족이 참으로 중요함을 새삼스레 깨닫기도 했다.

내가 그 제자의 담임선생도 아니었는데 그렇게도 나의 말 한마디가 자신의 인생에 중요한 역할을 했다는 점이 놀랍기도 하고 너무도 고마웠다. 나는 이렇게 멋진 제자가 있음이 뿌듯하고 자랑스러웠다. 그런데 이보다 더 희한하고 감격스러운 제자답지 않은 또 한 명의 제자가 등장했다.

나는 대학을 졸업한 후, 서울의 한 남자중학교에서 임시 교사로 잠시 근무했다. 근무 시작하고 얼마 되지 않았을 때, 다른 중학교에 정교사로 가게 되어 그야말로 임시 교사를 내려놓고 내가 근무해야 할 학교로 떠났다. 위의 제자는 그나마 내가 정교사로 근무할 때 학생이지만 지금 말하려 하는 이 사람(제자라는 말을 쓰는 것이 격에 맞지 않은 것 같아서 그냥 사람이라고 쓴다)은 그야말로 짧은 기간 동안 있었던 학교의 학생이었다는 점이 의아하고, 제자라고 하기에 불편한 사람이다.

이 사람은 위의 제자처럼 나를 생각하고 찾은 것이 아니다. 이 만남은 참으로 확률적으로 따지면 결코 있을 수 없는 거의 불가능한 사건으로 보아야 한다. 그리고 그 사람을 가리켜 제자라는 말을 절대로 쓸 수 없게 생각한 데에는 그럴 만한 이유가 있다. 그러나 정말 저런 분을 내가 나의 제자라고 떳떳이 말할 수 있다면 얼마나 행복하고 기쁠까를 생각하니 은근 기쁘고 행복했다.

이 사람은 영국의 한 손꼽히는 대학에서 최연소의 나이로 박사 학위를 받고 후학을 지도하고 있는 교수며 목사다. 내가 이 교수를 알게 된 것은 남편 목사를 통해서이다. 미국의 한 단체에서 개최한 세미나에 남편 목사가 강사로 초청되어 간 적이 있다. 남편을 초청한 그 단체의 임원 중에 한 사람이 이 교수였다. 이 세미나에 남편 혼자 도미하여 강의를 잘 마치고 귀국했다. 그런데 그때 남편은 그 교수와 많은 대화를 했는데 그 어느 사람보다 소통이 잘 되어 친밀감을 느꼈다고 하였다.

그 후, 이 교수와 남편은 계속 관계를 유지하면서 지내왔다. 그 교수가 한국에 잠시 나왔을 때 남편과 함께 만나기도 했으나 나는 그냥 남편 후배 교수 목사로만 알 뿐이었다. 그러나 시간이 흐르면서 남편과 이 교수는 더욱 가까워져 절친한 사이가 되었다.

그리고 이 교수는 남편의 목회 사역 외에, 남편의 이단 척결 사역에 큰 관심을 가지고 그 일을 주시하며 남편의 노고와 힘듦을 너무도 공감하고 있었다. 심지어는 한국교회가 남편 목사에게 큰 빚을 지고 있다는 말을 힘을 주어 여러 번 강조하여 말하며 울먹이기도 했다.

그 후, 미국의 한 교회가 남편을 부흥회 강사로 초청했는데 나도 동행했다. 부흥 집회를 마치고 나서 이 교수의 강권적인 요청으로 며칠 동안을 이 교수와 함께 미국의 유명한 공원에 머무르며 즐겁고 유익한 시간을 보냈다. 이 교수는 우리 부부에게 물심양면으로 얼마나 성심성의껏 대하는지 민망을 넘어 불편하기조차 했다. 조금도 가식이 있는 모습은 없고 마치 자신이 말한 한국교회가 내 남편 목사에게 지고 있는 빚을 자기 혼자서 다 갚으려는 듯한 자세였다.

이런저런 대화를 하던 중, 내가 대학을 졸업하고 임시 교사로 잠시 머물렀던 중학교 이야기를 하게 되었는데 그때, 자신이 그 중학교 3학년 학생이었다고 마치, 당시 내 모습을 어렴풋이 기억하기라도 하는 듯 말을 했다. 처음엔 도무지 믿어지지 않는다고 했지만, 당시의 상황을 생각하며 대화하다 보니 정말인 듯했다.

그때부터 이 교수는 나를 자신을 길러 준 스승이나 되는 듯 민망할 정도로 깍듯하게 대하기 시작했다. 심지어는 공식 석상에서 한번 스승은 영원한 스승이라는 말까지 서슴지 않고 하는데 나는 쥐구멍에라도 들어가고 싶은 심정이었다. 한 번도 내가 하는 수업을 들은 적도 없으면서 단지 같은 시기에 같은 학교에서 교사와 학생으로 있었던 것, 그것도 짧은 기간 동안 한 울타리에 있었던 것만으로 스승과 제자라고 하니 그렇게 하기엔 어쩐지 어색하고 억지 춘향 격인 것만 같았다.

여기에서 한 가지 더 마음을 울려 줄 이 교수와 얽힌 에피소드 하나를 소개하려 한다.

내 남편 목사는 2021년 말에 목회 37년 여정의 종지부를 찍었다. 은퇴하기까지에는 시간이 있었으나 이 교수는 마음이 급했던 모양이다. 21년 5월에 남편 목사의 목회 여정을 책으로 출판해 주었다. 바로 '은퇴 문집 〈사십 40〉'이라는 책이다. 남편 목사는 그런 책은 자신이 주님 앞에 불려 갈 때나 내야 하는 것이라고 강하게 말했으나 이 교수는 아랑곳하지 않았다. 그렇다면 비용이라도 보태겠다고 하자 이미 모금이 끝났다는 단호한 말로 마무리하고는 우리의 의견과는 상관없이 책을 출판하고 말았다.

그보다 더 특이한 것은 보통 은퇴 기념 문집은 주로 목사들의 이야기만 다루는 것이 상례이건만 이 책은 목사 아내인 나에 대해서도 다루었다. 많이 민망했으나 솔직히 기분이 나쁘지 않았다. 평생 뒷전에서 살아온 나로서는 나도 살아있는 사람이라는 것을 증명하기라도 하듯 움츠러든 고개가 저절로 들리는 것만 같았다.

이 교수는 남편 목사에게는 말할 수 없이 자랑스럽고, 사랑스럽고, 고마운 후배 목사지만 나에게는 삼척동자도 웃을 제자다. 나 같은 사람을 스승이라 하니 부끄럽고 부담스러운 마음은 이루 말할 수 없어 손사래를 짓지만, 이 교수님는 아랑곳하지 않고 나를 선생님이라 칭해 준다. 이런 일이 계속되니 어느덧 내가 정말 스승인 것 같은 생각이 들면서 한편으로는 자존감도 올라가는 느낌이었다. 많은 사람이 부러워하게 나를 스승으로 만들어 준 이 교수는 우리 부부에게 참으로 소중한 목사님이시다. 어떤 말로도 그 고마움을 다 표현할 수 없다.

최근에 알게 기막힌 사실이 또 있다. 이 교수의 사모님이 내 고등학교 11년 후배였다. 이것도 놀라운 사실이지만 또 한 가지는 사모님의 이름이 성씨만 다르고 이름이 나와 똑같았다. 어떻게 이런 일이 있을까? 우연치고는 너무도 끼워 맞춘 것만 같다.

이제 격에 맞지 않는 제자의 이름을 밝히려 한다. 최은수 교수 목사님이 바로 그 사람이다. 지금은 미국 샌프란시스코에서 후학들에게 '기독교회사'를 강의하고, 연구하며 집필하고 있다. 요즘은 한국 초대교회사에서 특히 의료선교사에 관해 집중적인 탐구와 함께 기독교 초창기 연구에 힘을 쏟고 있다.

나의 바람은 제자(?) 최 교수가 지금처럼 건강하여 펼치고자 계획한 모든 것들을 잘 이루어내었으면 한다. 한국교회에 유익을 주고, 주의 나라가 이 땅에 이루어지는데 한 몫을 잘 담당하리라 믿고 기도한다. 그리고 그 모든 것은 하나님께서 이루어주시고 갚아주시기를 바랄 뿐이다.

[20230803]

믿어지니까 주셨지

고등학교 1학년 때, 나의 담임선생님은 은퇴를 바로 앞둔 연세가 많으신 아버지 같은 선생님이셨다. 선생님은 실력도 실력 이려니와 학생들을 매우 인격적으로 대해 주셨다. 그런 선생님을 우리는 존경했다. 그런데 이러한 선생님께도 문제가 있었다.

선생님께서는 일제강점기 시절에 공부하신 분이셔서 그런지 한글 사용이 조금은 불편하셨던 것 같다. 한글로 서류를 만들거나 한글로 작성할 것이 있을 때면 종종 나를 부르셨다. 학생들의 성적표를 작성한다든지 심지어는 생활기록부를 작성(한글로 대필하는 것)까지 나에게 맡기셨다. 그래서 방과 후에 남아 선생님을 돕는 일은 다반사였다.

처음에는 나 같은 학생에게 좀 과한 일을 맡겨주신 것 같아 불편하기도 했다. 그러면서도 선생님께서 그렇게 중요한 것들을 나에게 맡기신 것은 나를 믿기 때문이고, 내가 돕는 것이 선생님께 도움이 되기 때문이라는 생각에 그렇게 나를 믿어 준 선생님의 그 믿음을 저버릴 수 없어 아무런 문제가 생기지 않도록 성실하고 충성스럽게 도와 드렸다. 나아가 그 많은 학생 중에 나를 뽑아서 일을 시킨 것에 대해 자부심까지 생겼다.

어떨 때는 해야 할 공부가 많아 시간이 부족한데 일을 시키셔서 당황하기도 했다. 심지어 중간고사나 기말고사 공지가 나면 공부에 몰두해야 하건만 그때도 일을 시키셨다. 분명 공부해야 할 것이 많은 것을 모르지 않으실 터인데 말이다. 한 편으로는 내가 공부를 잘하든 못 하든 거기엔 관심이 없고 오직 선생님 일에만 신경을 쓰는 것만 같아 야속한 마음이 들기도 했지만, 나는 불평 없이 주어진 일에 충실했다.

사실 생활기록부는 학생이 전혀 볼 수 없는 것으로 혹 생활기록부 사본이 필요하여 뗄 일이 있으면 반드시 봉투는 인비라는 도장을 찍어 봉하여 내어주었을 정도로 학생들에게는 공개하지 않는 문서였다. 그런 문서를 학생의 손으로 쓰게 했으니 당시에 교장 선생님이 학생인 나에게 시킨 것을 알았다면 나의 담임선생님에게 경위서를 쓰게 하고 징계했을 가능성도 있다.

그런 위험성이 있는 일을 선생님께서 나에게 시키셨다는 것은 선생님 생각에 나에게 일을 시키는 것은 어느 정도 내가 믿음직스러웠다는 것이고, 또 나의 글씨체가 선생님 마음에 들었기에 글씨를 써야 할 일만 생기면 나를 부르셨을 것이다. 그리고 그보다는 내가 입이 무거워 거기에 기록한 내용을 발설하지 않으리라는 나에 대한 신뢰감도 있었을 것이다. 아마 수십 년이 지난 지금, 그때의 우리 반 친구들의 생활기록부를 전산처리하여 보관하지 않았다면 지금도 내 글씨로 써진 그대로 보관되어 있을 것이다.

누군가에게 무슨 일을 맡길 때는 아무에게나 맡기지 않는다. 물론 시험 삼아 맡길 수는 있다. 그러나 최소한 믿을 수 있고, 해낼 것 같은 가능성이 있기에 맡기는 것이다. 비록 맡겨진 일이 복잡하고 힘들고 어려운 일이어서 맡겨진 사람은 귀찮고 하기 싫을 수 있다. 그러나 맡겨 준 사람이 존경하는 인물이거나 내가 인정받고 싶은 사람이라면 그 일이 아무리 힘들고 어렵더라도 맡겨 준 것만으로도 감사해한다. 그리고 나 같은 사람에게 큰일을 맡겨주었다는 자부심마저 들것이다. 그리고 맡겨준 사람 마음에 들게 하려고 더 열심히 맡겨진 일을 할 것이다.

자폐아의 자녀를 가지고 있는 친구가 있다. 그런데 그 친구는 그것을 괴로워하거나 원망하지 않는다. 대신 이렇게 말한다.

"내가 이런 아이를 감당할 만하다고 하나님께서 여기셔서 이런 아이를 내게 보내셨나 봐. 나를 그런 사람으로 보신 주님께 감사해."

이어서 하는 말은 "이 아이가 우리 집에 태어난 것이 얼마나 다행인지 모르겠어"라고까지 한다.

나는 이 친구를 생각하면 부끄럽기만 하다. 그리고 앞에 기술한 고등학교 때의 일을 떠올린다. 세상일은 그렇게 생각하면서 하나님을 믿는 성도로서 정작 나의 삶 속에 주어지는 역경과 고난에 대해서는 어떤 생각을 하고 있는지 반성하게 된다.

인생을 살아가노라면 우리 삶 속에 힘든 일은 수도 없이 생긴다. 그렇게 힘들고 어려운 역경을 만날 때 그것을 피해 보려고 온갖 노력을 하며 때로는 해서는 안 되는 하나님을 원망하기도 한다. 지구상의 수많은 사람 가운데 별 탈 없이 잘 사는 사람도 많은데 왜 나는 이렇게 힘들게 살아야 하는지 의문이 갈 때도 있다. 어떤 사람은 잘 믿지도 않는 것 같은데 일이 잘 풀리고 하는 일마다 잘 되는 데 반해 나에게는 늘 힘든 일만 생기는 것 같아 안타까이 울부짖으며 "왜 하나님은 하필 나에게 이렇게 고난을 주시는 것일까?"라는 질문을 수도 없이 해 보았다.

내 친구처럼 하나님께서 나에게 역경과 고난을 주시는 것은 하나님 보시기에 나 같은 사람을 최소한 믿을 수 있고, 해낼 것 같은 가능성이 있기에 그것을 맡긴 것이리라. 인생길에 닥치는 모든 일의 주관자가 주님이라는 것을 생각하면 아무리 어려운 역경이 닥친다 해도 감사해야 하지 않을까?

그 맡겨진 일이 힘들고 어려워서 쓰러질 것처럼 고통스러운 일일 수 있다. 그렇기에 맡겨진 사람은 죽을 것 같은 아픔이 있을지라도 맡겨 준 사람이 나를 지으시고 나의 모든 것을 잘 아시는 하나님이시기에 맡겨 준 것을 도리어 감사해야겠다. 그리고 나 같은 사람에게 큰일을 맡겨 주었다는 자부심을 가지고 하나님 마음에 합하기 위해 맡겨진 것들을 기쁨으로 극복해야 할 것이다.

하나님은 감당 못 할 시험은 주시지 않는다는 말과 네 은혜가 네게 족하다는 말은 오늘도 삶 속에서 체험한다. 어떠한 일을 당하든 “왜, 하필 나지?” 하며 의아해할 것이 아니라 하나님께서 주신 것임을 깨닫는 것이 우선이다. 그리고 이렇게 생각해야겠다.

“믿을 만하니까 주셨지.”

[20220729]

향기가 그립다

몇 년 전, 지인으로부터 탐스러운 레몬 나무 한 그루를 선물로 받았다. 그런데 얼마 지난 후, 이 나무에 몇 개의 꽃이 피더니 그 꽃이 지고 난 자리에 아주 작은 열매가 하나둘 맺히기 시작했다. 혹이라도 그 열매가 떨어질까 노심초사하며 자라는 모습을 지켜보았다. 그런데 하루는 콩알만 하게 맺혀있던 열매 하나가 떨어져 바닥에 놓여 있었다. 상한 마음으로 그 열매를 집어 혹시나 하는 마음으로 코끝에 가져다 대 보았다. 그런데 그 맺다 만 작은 열매에서 말로 표현할 수 없이 짙은 레몬 향이 나는 것이었다. 콩알만 한 레몬 열매에서 이렇게 짙은 향기가 나다니…

화초를 유난스레 좋아하는 나는 다른 나무보다 이 귤과에 속한 나무를 좋아해서 여러 그루를 기르고 있다. 위의 레몬처럼 귤과에 속한 나무의 꽃은 첫 여름에 피는 꽃으로 지금 우리 집 베란다에서 자태를 뽐내고 있다. 이 꽃은 흰색의 작은 꽃이지만 우아하고 앙증맞게 피어 자신의 존재를 드러내고 있다. 그런데 눈요기만 멋진 것이 아니다. 하얗게 핀 꽃이 풍기는 향기는 그 열매인 귤의 향기와는 사뭇 다른 향이지만, 얼마나 짙고 좋은지 말할 수 없을 만큼 강하고 짙어 집안을 온통 자신의 향기로 물들여 놓는다.

여기서 끝이 아니다. 꽃들이 떨어지면 그곳엔 좁쌀보다 더 작은 열매, 귤이 맺히기 시작한다. 시간이 흐르면 그 좁쌀 같은 열매는 점점 커지며 노란색으로 변해간다. 이렇게 귤나무는 사시사철 잎의 푸름과 함께 하얀색의 꽃과 향기. 그리고 열매에 이르기까지 계속해서 분주히 즐겁게 해준다.

이 땅의 모든 생물은 자기 나름의 고유한 내음을 가지고 있다. 내 딸이 아주 어릴 때의 일이다. 외출할 일이 있어 밖에 나갔다가 오면 내가 집에 없는 동안 내가 벗어 놓고 간 옷을 꼭 제 손에 가지고 있었다고 한다. 그래서 왜 그렇게 하느냐고 묻자, 엄마 냄새가 나서 좋아서 그런다고 했다는 것이다. 딸아이는 엄마가 제 눈에서 안 보일 때는 그나마 냄새라도 같이 있고 싶었나 보다.

딸아이가 느끼는 자기 엄마의 냄새가 있는 것처럼 사람에게도 그 사람 나름의 고유한 내음이 있다. 서양 사람에게서는 버터와 치즈 냄새가 난다고 하고, 우리나라 사람에게서는 마늘 냄새가 난다고 한다. 의사는 환자의 냄새로 병을 찾아내기도 하고, 집 잃은 개가 냄새로 집을 찾아오기도 한다.

이처럼 모든 사물에는 그것에 맞는 냄새가 있듯이 사람에게는 사람 냄새가 있다. 그 냄새는 공통적인 것도 있지만, 개개인이 저마다 갖는 고유한 냄새가 있다. 그래서 때때로 인간 내음의 향수에 젖기도 한다. 자신이 성장하면서 습득된 내음이 있는가 하면, 내가 스스로 만든 것이 아닌 하나님께서 주신 하나님의 선물인 개성과 재능과 성격의 내음이 있다. 사람에 따라서는 그 향이 넉넉하여 다른 사람에게까지 그 향을 옮겨주는 원숙한 삶의 향을 가진 사람도 있다. 그런 사람은 또 만나고 싶어지고 만나면 그 내음에 젖어 그 인격의 한 부분이라도 닮고 싶어진다.

그런가 하면 아무 향도 안 나는 무취의 사람도 있고 때로는 인격의 악취를 풍겨 그 사람 옆에 가기를 꺼리게 만드는 사람도 있다. 이처럼 이 땅의 모든 것은 공통적인 내음 외에 자신만이 지니는 고유한 내음이 있다. 심지어는 무더운 여름의 쏟아지는 소나기 속에서 나는 흙내음도 있고, 바람이 불 때 공기 속에서 느끼는 내음도 있다.

아카시아 향기와 라일락 향기의 계절을 지나 어느새 6월이다.

아파트 담장에는 장미꽃이 탐스럽게 피어 있다. 집 밖에만 나가면 붉은 장미꽃이 나를 반긴다. 그런데 어쩐지 눈은 즐거운데 코는 즐겁지 않다. 그 이유는 꽃은 너무도 탐스럽고 풍요롭게 피어 있는데 꽃에서 향기가 별로 나질 않기 때문이다.

과학의 발달은 우리에게 많은 유익을 주었다. 그것은 모든 계절에 모든 것을 볼 수 있고, 먹을 수 있게 되었다. 그러나 유익만 주는 것은 아니다. 계절과 상관없이 되면서부터 각기 가진 고유한 향이 사라졌고, 우리의 후각을 마비시켜 버렸다. 과일도, 꽃도, 심지어 사람도 나름의 자기 냄새가 없어졌다.

예전에는 귤의 향기가 짙어 방안에 귤 한 개만 있어도 온 방이 귤 향으로 가득했었다. 그런데 지금은 한 개는커녕 한 바구니의 귤이 있어도 향이 별로 나질 않는다. 어디 귤뿐이랴. 모든 과일이 그 독특한 향이 별로 나질 않는다. 바나나가 한 다발 있어도, 딸기가 한 소쿠리 있어도 코를 가까이 대고 맡아야 겨우 그 미세한 향을 느낄 수 있을 정도다. 채소도 마찬가지다. 채소도 저마다의 향이 있어 도라지의 쌉싸름한 향, 시원하고 아삭한 오이 향의 상큼함도 좋았다.

심지어는 꽃에서도 향을 느끼기 힘들다. 장미꽃에서 풍기는 향이 너무 좋기에 장미 향수를 만들지 않았는가? 가을의 국화 향은 짙고 깊어 우리의 후각을 마비시키기에 충분했고, 심지어 하찮아 보이는 아주 작은 들꽃 한 송이에서도 나름의 향이 있었다.

이렇듯 개성이 사라진 것은 식물만이 아니다. 사람도 마찬가지다. 개인이 가진 개성이 사라졌다. 개성은 뒤로하고라도 신분과 위치에 맞는 반드시 있어야 할 향마저 없어졌다. 가정에도 가정이라는 아름다운 향이 없어졌다. 학교에서도 선생님의 향과 학생의 향기도 뒤죽박죽되어 야기되는 일들이 종종 신문 지상에 오르내린다. 아니, 악취만 풍기지 않아도 다행인지도 모른다.

이렇게 향이 없어진 데에는 과학의 발달로 인한 공해도 한 몫을 했다. 꽃의 향기는 과거에는 약 2km까지 갔지만, 대기 오염 등이 꽃향기의 진로를 방해하여 지금은 안타깝게도 500~600m 정도 밖에 못 간다고 한다.

동시 작가 박경용 선생님의 시 중에 〈귤 하나〉라는 동시가 있다. 그 시에 보면 '귤 하나가 방보다 크다'라고 구절이 있는데 귤의 향이 방안 전체에 가득하다는 뜻일 것이다. 아무리 대기 오염이 짙어 향기의 진로를 방해하여도 자신의 향기는 없어지는 것이 아니니까 자신만의 향기는 유지해야 한다. 백합이 쓰레기통 안에 있으면 온갖 여러 가지 냄새와 어우러져 그 향이 감소하든지 혹은 더 이상한 내음이 될지 모른다. 그러나 어디에 있든 백합이 풍기는 향기는 사라지지 않는다. 아무리 주위 환경이 나쁘더라도 백합 자신의 향은 그대로일 뿐이다.

아무리 세상이 자신의 향기를 잃어버리고 자신의 향을 내기에 힘든 사회라 하더라도 이 세상을 정화해야 할 그리스도인들은 거기에 편승하여 아름다운 향을 잊어서는 안 된다. 온갖 지저분한 내음이 천지를 뒤덮어도 우리는 우리의 향을 내어야 한다.

바울은 말하기를 “우리는 구원 받는 자들에게나 망하는 자들에게나 하나님 앞에서 그리스도의 향기”(고후 2:15)라고 말했다. 좋은 냄새는 향기라고 하지만 나쁜 냄새는 향기라고 하지 않고 그냥 냄새라고 한다. 먼저 우리 그리스도인들이 냄새가 되지 말고 향기가 되어야 한다. 비록 이 세대가 악취가 나고 더러워 우리 향기의 진로를 방해한다 해도 비록 온전히 자라지 못하고 떨어져 발에 밟힐 아주 미세하게 작고 쓸모없는 열매지만 자신의 본분대로 레몬 향을 풍긴 것처럼 하나님이 원하시는 그리스도인으로서의 향기를 풍긴다면 이 사회는 향기 가득한 사회가 되지 않을까?

나는 과연 이 작은 레몬처럼 그리스도인으로 가져야 할 향기를 가졌는지 부끄럽기만 했다.

[20230602]

장미꽃에 얽힌 멋진 추억

나는 꽃을 좋아한다. 그것도 주책없이 좋아한다. 서울에서 태어나 서울에서 자라난 탓도 있겠지만 어쨌든 나는 꽃을 보면 그냥 지나치지 못한다. 이 땅 위에는 셀 수 없을 만큼 많은 꽃이 피었다 지기를 반복한다. 내가 지금까지 못 보거나 모르는 꽃까지 생각하면 하나님께서 어쩌면 그렇게도 많은 꽃을 우리에게 주셨는지 감사하고 감탄할 뿐이다.

해마다 봄이 되면 형형색색의 꽃들이 여기저기서 피어 우리나라는 온통 꽃동산이 된다. 그렇게 많은 꽃이 마치도 순번을 정해 피는 것같이 한 종류의 꽃이 지면, 지기 무섭게 또 다른 꽃이 피어 꽃들의 릴레이 행진이 시작되어 나의 눈은 물론 나의 마음까지 화사하게 해준다.

그렇게 많은 꽃 중에서 내 머릿속에 기억되는 꽃과 특별히 내가 좋아하는 꽃의 이름을 말하라고 한다면 얼마나 될지 모르겠다. 내가 이름을 아는 꽃 중에서 많은 사람에게 가장 인기 있는 꽃이 있다. 그것은 바로 장미꽃이다. 계절의 여왕이라 칭하는 5월의 장미는 글자 그대로 우아함의 극치를 이룬다. 5월은 날씨도 좋을 뿐만 아니라 지천으로 피었던 여러 종류의 꽃은 지고 다른 꽃들의 존재를 무시하듯 장미꽃이 만개하여 온통 장미 세계가 된다. 그런데 언젠가부터 계절의 여왕이 바뀌는 듯하다. 지구의 온난화로 인해 4월이 계절의 여왕이 되어간다. 그래서 요즘은 4월에 만발하던 벚꽃은 3월로 옮겨졌고, 4월이 장미의 계절로 바뀌었다.

장미꽃은 언제 보아도 우아하고 질투 날 정도로 아름답고 예쁘다. 가끔은 저 장미처럼 나도 우아해지고 싶은 마음이 들 때도 있다. 노래 중에서 꽃을 노래하는 노래가 많지만, 장미를 소재로 한 노래가 무척 많은 것 같다. 심지어는 찬송가 가사에도 장미라는 말이 들어 있는 찬송이 여러 장 있다. 이처럼 장미는 많은 사람에게 호감을 주는 꽃의 대명사인 멋진 꽃이다.

이렇게 아름다운 꽃이지만 가시가 있어 가까이하기에 조금은 조심해야 하는 꽃이 바로 장미꽃이다. 장미에 대한 전설에 의하면 신이 처음에 장미를 만들었을 때, 사랑의 사자 큐피드는 그 장미꽃을 보자마자 그 아름다움과 우아함에 매료되어 장미꽃에 키스하려고 입술을 내밀었는데 마침 꽃 속에 있던 벌이 깜짝 놀라 침으로 큐피드의 입술을 톡 쏘았다는 것이다. 이것을 지켜보고 있던 여신 비너스는 큐피드가 안쓰러워 벌을 잡아서 침을 빼내 버리고 그 침을 장미 줄기에 꽂아두었다고 한다. 그래서 장미에는 가시가 생겼지만, 큐피드는 그 후에도 가시에 찔리는 아픔을 견디며 여전히 장미꽃을 사랑했다는 신화가 있다.

장미는 꽃의 색깔에 따라 꽃말이 다양하지만 대체로 장미의 꽃말은 '애정', '사랑의 사자', '행복한 사랑' 등 주로 사랑과 관련이 있다. 그래서 그런지 동서양을 막론하고 결혼식용 부케나 여성에게 주는 선물로는 최고의 꽃이 장미다.

장미꽃을 생각하면 나의 친정집에 담을 타고 피어나는 붉은 장미꽃이 가장 먼저 생각난다. 우리 집 마당에 피어 있는 작고 가시가 있는 붉은 장미는 5월이 무르익음을 알려주는 전령사였다. 이렇게 장미가 피어날 때면 나는 괜스레 마음이 두근거리곤 했다. 분명 우리 집 마당에 피어 있는 꽃이라 창문만 열면 멋진 꽃을 볼 수 있는데도 나는 무슨 욕심인지 그 꽃을 따서 꽃병에 꽂아 내 책상 위에 놓고 즐겼다. 너무도 이기적인 행동이지만 가까이에서 꽃을 즐기고 싶은 욕심이었던 같다.

일 년 전쯤에 차를 타고 외출했다가 너무도 멋있고 기막힌 광경을 보았다. 그것은 차가 달리는 오른쪽에 붉고 노란 장미가 줄을 지어 피어 있었다. 그 반대편에는 아주 맑은 물이 햇빛을 받아 반짝이며 유유히 흐르고 있었다. 이 광경이 얼마나 멋있고 평화롭고 조화로운지 그 속으로 빨려 들어갈 것만 같았다. 무엇보다도 장미꽃 자태에 매료되어 한동안 아무 말도, 아니 아무 생각도 하지 못하고 말았다.

남편이 목회할 때, 힘든 일이 생기면 나는 꽃을 사다가 베란다에 놓고 그 꽃을 들여다보며 힘든 일을 잊으려 했다. 물론 기도로 이겨내야 함을 모르는 것은 아니지만 그래도 울긋불긋한 꽃들이 나를 위로해 주는 것 같기도 했고, 심지어는 내 마음을 아시는 하나님께서 그 꽃들을 통해 나의 고통을 해소해 주시는 것 같았다. 아무튼 우리 집에 꽃이 많아지면 그때는 내가 매우 힘들 때라는 암시이기도 했다.

나에게는 이 장미꽃에 얽힌 아주 멋지고, 감동을 주는 아름다운 추억이 있다.

지금으로부터 근 10여 년 전, 나의 회갑 때였다. 회갑을 맞은 생일을 다 보낸 저녁에 올 사람이 없는데 현관 벨 소리가 났다. 나는 누군가 하며 문을 열었다. 그런데 이게 웬일인가? 교회 강단 미화를 맡아 봉사하시는 권사님이 현관 앞에 서 있었다. 깜짝 놀라보니 권사님 옆에는 권사님 몸집보다 더 큰 꽃바구니가 함께 있었다. 이게 어찌 된 것이냐고 물었더니 권사님은 대답도 없이 미소를 지을 뿐이었다. 그 바구니의 꽃은 꽃 한 개가 어른 주먹만 한 크기의 백장미로 만들어진 꽃바구니였다. 꽃 한 송이의 크기가 큰 것 못지않게 꽃송이 수도 만만치 않았다.

얼마나 무거운지 얼른 받아 들고 권사님과 함께 들어와서는 자초지종을 물었다. 그랬더니 그 꽃바구니는 나의 남편 목사가 아내인 나의 회갑 축하 꽃바구니라는 것이었다. 나는 어안이 벙벙하여 아무 말도 하지 못하고 그 자리에 털썩 주저앉아 버렸다. 이전에도 내 생일이 되면 작은 꽃다발을 남편으로부터 받은 적이 있지만, 이것은 정말 상상하지 못할 깜짝 놀랄 일이었다. 너무 기쁘면 눈물이 나는 법이지만 그 순간 나의 눈에서는 뜨거운 눈물이 멈출 줄 모르고 흐르고 있었다.

얼마간의 시간이 흐르고 감격의 흥분이 조금 사라진 뒤, 남편이 멋쩍은 듯 말했다. 꽃을 너무 좋아하는 내게 회갑을 맞아 순결한 백색의 장미꽃을 내게 선물하고 싶었단다. 그래서 내 나이만큼의 개수로 꽃바구니를 만들어 달라고 권사님에게 부탁했다는 것이었다. 나는 즉시 꽃송이 수를 세어 보았다. 그런데 꽃송이가 60송이가 아닌 59송이였다. 나는 권사님이 너무 많은 꽃송이로 바구니를 꾸미다가 한 송이를 실수로 빠트렸을 것을 생각하며 "한 송이가 부족하네요"라고 말했다. 그랬더니 권사님은 아무 말 없이 웃기만 했다.

답변은 남편이 했다. 한 송이가 모자라는 것은 권사님의 실수가 아닌 자신이 그렇게 해 달라고 했다는 것이었다. 그리고 하는 말이 "모자라는 한 송이는 나야"라고 남편답지 않게 조금은 수줍은 듯 얼굴에는 미소를 띠며 말하는 것이었다.

대체로 이런 경우 한 송이는 "아내인 당신"이라고 말하는 것이 상례이건만 남편은 그 모자라는 장미 한 송이가 자기라고 하니 이 얼마나 놀라운 발상인가? 그리고 곧이어 하는 말은 더 기상천외하였다.

"여기 있는 59송이는 시간이 지나면 다 시들지만, 나는 그보다 더 오래 갈 것이니까."

우리는 모두 그 자리에서 박장대소하고 말았다.

10여 년이나 지난 지금, 59송이의 장미꽃은 다 사라지고 사진 속에서만 존재하는 꽃이 되어버렸다. 그러나 남편 말대로 그 한 송이는 10여 년이 지난 지금까지 나의 꽃으로 사진이 아닌 실제로 존재하니 남편의 말이 다 맞는 말이었다. 내 생일이 있는 이 4월에 회갑 때의 멋진 추억을 생각하며 지금까지 한 송이 꽃이 건재함에 감사를 드린다. 그리고 그날의 멋진 일을 되돌아보며 또 생일을 맞는다.

[20240401]

행운인가, 행복인가

약속된 시간을 맞추기 위해 나름대로 시간을 계산하고 집을 나섰다. 정류장에 도착했는데 내가 타야 할 버스가 막 떠나려 했다. 다리에 모터를 달고 뛴 덕에 그 버스를 탈 수 있었고, 약속 시간을 지킬 수 있었다. 버스를 탄 후, 오늘은 운이 좋았다는 생각이 들었다. 그런데 이어 오는 생각이 나를 머물게 했다. 그 버스를 간신히 탔기에 운이 좋은 것이라면 뛰지 않고 여유를 가지고 오는 버스를 자연스럽게 탄 것은 운이 나쁜 것인가라는 생각이었다.

인간은 언제나 자신이 한 노력이나 공들인 것보다 더 크고 더 많은 대가를 원한다. 다시 말해 노력 플러스 운을 기대한다. 그래서 만족할 만한 결과를 가져오면 운이 좋았다고 하며, 노력한 것보다 못한 결과를 가져오면 운이 나빴다고 한다. 생각 밖에 돈이 잘 벌린다거나 장사가 잘되면 운이 좋다고 한다. 혹은 시험에 떨어져 본 적이 없이 시험 보는 족족 합격한다거나, 직장에서 승승장구한다면 그를 보고 운이 좋은 사람이라고 한다. 그래서 관운이 있다거나, 재운이 있다거나, 물질 운이 있다는 식으로 말한다.

이처럼 운에 대해서는 일종의 많은 기대를 하고 있다. 또한 '난 운이 없어', '그래, 운이 좋아서 그런 거야', '당신은 운이 잘 따르네', '무슨 운이야 노력하면 다 되지' 등등의 말을 하곤 한다.

도대체 운이란 무엇일까? 운은 기대하지 않은 것의 성취를 의미한다. 우연히 좋은 일이나 기회가 생기면 운이 좋다고 말한다. 인생 살다 보면 뒤로 넘어져도 코가 깨지는 경우가 있는가 하면 앞으로 넘어져도 멀쩡한 예도 있다. 처음엔 일이 잘 안 풀리는 것 같았는데 후에 일이 잘 풀리면 운이 좋았다고 말한다.

그런 관점에서 보면 나는 운이 지지리도 없는 사람이다. 하다못해 소풍 때에 하는 보물찾기나, 그 흔한 운동회 때의 경품권 행사에 한 번도 당첨된 적이 없으니 말이다. 어디 그뿐인가. 학창시절에 대충 공부한 곳에서 시험이 나와 힘든 적도 있었고, 완벽하리만치 열심히 공부했지만 내가 모르는 것이 출제되어 낭패 본 적도 있었다. 기억에 의하면 한 마디로 내가 노력한 것보다 낮으면 낮았지 더 낫게 되어 본 적은 없었던 것만 같다.

여고 시절에 누구나 한 번쯤 관심을 가져 보았을 '행운'이라는 꽃말을 가진 '네 잎 클로버'를 모르는 사람은 없을 것이다. 그것을 지니고 있으면 행운이 찾아온다고 열심히 찾는 친구들, 혹은 신데렐라를 꿈꾸는 친구들이 많았다. 그런데 문제는 이 네 개의 잎을 가진 클로버는 별로 없고 대신 세 개의 잎을 가진 클로버는 지천으로 깔려 있다는 점이다. 그래서 나는 세 잎 클로버의 꽃말을 찾아보았다. '세 잎 클로버'의 꽃말은 '행복'이었다. 그런데 세 잎 클로버를 귀히 여기는 친구는 없었다. 반면에 별로 있지도 않은 네 잎 클로버를 그냥 보고 지나치는 친구 또한 없었다. 행복의 세 잎 클로버보다 행운의 네 잎 클로버를 더 원함은 행복보다는 행운을 더 좋아하는 것은 아닌가 하는 생각을 해 보았다.

행복과 행운을 비교해 본다면 행복은 스스로 만들어 낼 수 있는 것으로 능동적인 것이지만, 행운은 기다리거나 바라기만 하는 것으로 수동적인 것이라 할 수 있다. 행운은 우연히 좋은 일이나 기회가 생기는 것이지만, 행복은 자신의 노력과 태도에 따라 결정된다. 물론 행운이 좋아서 행복할 수 있다. 반면에 행복한 사람은 자기 삶에 만족하고 감사하는 마음을 가짐으로 더 많은 행운을 잡을 수도 있다.

이따금 상상을 초월한 액수의 복권에 당첨되는 사람이 있다. 내 친구는 백화점에 TV를 사러 갔다가 경품에 당첨되어 자기가 산 것과 똑같은 TV를 타 TV 한 대 값으로 두 대가 생기는 행운을 누렸다. 그 친구를 가리켜 운이 좋다고 이구동성으로 말한다. 세상엔 그런 운이나 요행이 따르는 사람이 얼마나 되겠는가? 아니 그런 운이 따라 주어 그 사람의 인생에 얼마나 도움이 되었는지는 모를 일이다.

행운도 때로는 필요하지만 늘 행운의 요행만을 바라는 것은 욕심이다. 요행은 욕심 중에서 가장 무서운 욕심이며 욕심 중에서도 게으른 자의 욕심이다. 아무 노력도 없이 공짜를 바라는 욕심이다. 요행을 바라지 말고 요행을 바랄 여유가 있다면 무엇인가 열심히 노력해야만 한다. 이 땅에서 무엇이든 저절로 되는 것은 없다. 단지 저절로 되는 것처럼 보일 뿐이다. 모든 것은 노력의 대가다. 자신이 스스로 노력하지 않고 어떤 것이든 거저 얻으려 해서도 안 되고 얻을 수도 없음을 알아야 한다.

어쩌면 '행운이 따라 주지 않는다'라고 불만족해하는 것은 얌체 같은 마음이다. 나에게는 행운이지만 그것으로 인해 피해를 보거나, 혹 나의 행운 때문에 불행을 느끼는 사람이 있을 수도 있다. 같은 밥을 먹고도 식중독에 걸리는 사람도 있고, 같은 차를 타고 가다가 사고를 당했을 때 크게 다치는 사람도 있는 것처럼 이 땅에는 얼마든지 악운에 힘들어하는 사람들이 많다. 평생 게으르지 않게 성실하게 일만 하다가 몹쓸 병에 걸려 호강 한번 못해 보고 이 땅을 떠나는 사람도 있다. 또한 죽을 만큼 노력했으나 무슨 이유에서든지 그 대가를 제대로 얻지 못한 사람은 얼마든지 있다. 일 년 내내 땀과 수고로 애써 일구어 놓은 농사가 태풍이나 한파나, 가뭄 혹은 홍수 등과 같은 천재지변으로 인해 다 망치는 일도 있다.

그렇게 볼 때 평범하게 살아갈 수 있는 것이 진정한 행운이다. 힘쓴 만큼, 노력한 만큼 얻을 수 있는 것도 행운이다. 아침에 일어나 힘차게 떠오르는 태양을 바라볼 수 있는 생명이 있음도 행운이다. 사고가 많은 이 세상에서 숨 쉬고 살아갈 수 있음이 행운이다. 가족을 위해 맛있는 음식을 손수 만들 수 있는 것도 행운이다. 이 땅에는 가족을 위해 맛있는 음식을 만들고 싶어도 만들 수 없는 상황에 있는 사람도 많을 뿐만 아니라 만든 음식을 먹어 줄 사람이 없어 외로워하는 사람도 얼마든지 있다.

사랑하는 가족이 있고, 그들을 위해 일할 수 있는 일터가 있고, 그리고 하루의 피로를 풀어 줄 가정이 있는 것이 얼마나 큰 행운인가. 나아가 얼마나 감사한 일인가. 그러고 보면 행운은 누구에게나 있는 것이다.

인간이라면 누구나 행운이 따르기를 바라고 또 행복하고 싶어 한다. 행운은 어쩌다 생기는 일시적이고 단회적이라 한다면 행복은 일시적이라기보다 지속적이라 할 수 있다. 행운이 지속되면 그것이 행복이다. 어쩌면 행운은 행복에 비해 신의 영역이 더 크고, 행복은 우리의 영역이 더 큰지도 모른다. 마키아벨리는 "인간사는 하늘이 내린 운명과 인간의 노력이 합쳐져 결정되어진다"라고 했는데 참 맞는 말이다. 또한 보비 존스는 '운이란 평등하고 공평한 것'이라고 했다.

행운을 바라기에 앞서 목표하는 것을 이루기 위해 열심히 노력한다면 행운이 나도 모르는 사이에 내 곁에 와 있을 것이고 그러면 행복해질 것이다.

[20241030]

카네이션과 어머니날

카네이션 하면 어머니날이 떠오른다. 반대로 어머니날을 생각하면 카네이션이 떠 오를 만큼 카네이션은 어머니 꽃이다. 어머니날에는 대부분의 어머니 가슴에는 카네이션이 달려 있었다.

올해도 세월의 흐름은 정확하여 어느새 5월이 되었다. 5월이 되면 천국에 계신 엄마 생각이 더 많이 난다. 초등학교 시절에 코 묻은 손으로 엄마 가슴에 카네이션 같지도 않은 카네이션을 달아드리던 생각도 나고, 장한 어머니로 선정되어 학교에 오셨던 엄마의 모습도 생생하게 떠오른다. 부모님의 진저리쳐지는 끔찍한 사랑을 받고 자란 내가 지금은 엄마로서 내 딸에게 얼마나 좋은 엄마일까를 생각하며 어린 시절에 손수 만들어 가슴에 달아드리던 카네이션과 함께 옛 생각에 잠긴다.

지금은 생화를 꽃가게만이 아니라 어머니날 즈음에는 어디서나 쉽게 구할 수 있지만 나 어릴 때는 어머니날 생화 구하기는 그리 쉽지 않았다. 아니 큰 꽃가게에서나 볼 수 있을 뿐이었다. 그뿐만 아니라 그 희소성으로 인해 가격도 만만치 않았다. 그렇기에 나 어릴 적엔 생화든 조화든 돈을 주고 사기보다는 볼품은 없어도 자녀가 손수 만들어 어머니 가슴에 달아드리는 일이 다반사였다. 현세대에 카네이션을 만든다고 하면 쓸데없는 짓을 한다고 생각할 것이지만 그때는 그렇게 모두가 다 만들었다.

초등학생 때는 색종이로 오리고 접고 하여 카네이션이라 해서 카네이션이지 뭔지 모를 색종이 조각을 어머니 가슴에 달아드리기도 했고, 중학생 때는 조화 만드는 재료를 문방구에서 산 후, 조립하여 그나마 카네이션 흉내를 낸 꽃을 달아드리기도 했다. 나도 예외가 아니었다. 나의 엄마 가슴에 달아드릴 카네이션은 내 동생들과 함께 엄마 이야기로 꽃을 피우며 만들었던 아름다운 시절이 있었다.

어머니날의 카네이션을 달아드리는 행사는 교회가 단연 으뜸이었다. 어머니 주일에는 설교 시간에 어머니의 사랑과 은혜에 관한 설교를 들으며 울지 않는 사람이 없었고 나도 펑펑 울면서 효도를 다짐했던 기억이 새롭기만 하다.

수없이 보낸 어머니날 중에서 중학교 2학년 때의 어머니날이 지금도 기억 속에 생생하게 들어있다. 아마 담임 목사님께서 어머니 주일에 성도에게 달아드릴 꽃을 중고등부(당시에는 학생회)가 맡아서 하라고 지시하셨던 것 같다. 임원들과 담당 집사님께서 한참을 궁리하다가 낸 결론은 카네이션을 만들어 보자는데 합의하여 꽃 만들 재료를 사다가 만들기 시작했다.

나는 고등부 임원 언니들의 뒤를 졸졸 따라다니며 꽃 만드는 일에 참여했다. 한 송이를 만드는 것이 아니고 많이 만들어야 했으므로 만들기(조립)만 하는 재료를 사지 않고 원재료를 사다가 하기로 했다. 그래서 꽃, 꽃받침과 줄기 그리고 잎 등을 만들 재료를 구하려 했으나 그것도 쉽지 않았다. 당시 조화를 만들도록 나온 재료는 없었다.

어찌어찌하여 얼추 구입하고 난 후, 원형을 그리고, 자르고, 붙이는 등의 여러 손을 거친 후에 겨우 꽃 한 송이가 만들어졌다. 우리의 창작품 카네이션은 카네이션이라고 세뇌를 시켜야 우리 입에서 카네이션으로 볼 수 있었으니 정말 억지 춘향이었다. 그래도 우리는 즐거움으로 만들고, 또 만들고… 당시엔 통행금지가 있어 어차피 12시가 넘으면 집으로 갈 수도 없었으므로 밤을 꼬박 새워가며 성도들에게 달아 줄 꽃을 정성을 다해 만들었다.

다음 날 어머니 주일에 그 이상하게 생긴 새로운 종류의 카네이션을 성도들에게 달아드렸다. 꽃 모양은 우스웠지만 우리는 해냈다는 성취감과 승리감에 얼마나 즐거웠는지 모른다.

어머니 주일에 내가 만든 꽃을 교회 여성도들에게 달아드리면서 스스로 대견해 했던 기억이다. 그러면서 그 어린 시절의 한 수고와 시간을 생각해 보면 애달픈 생각마저 든다.

그렇게 어린 시절에 해마다 카네이션을 만들었던 경험으로 지금도 카네이션은 아무런 헝겊만 주어도 잘 만들 것 같은 자신감이 있다. 지금은 그런 조화를 만드는 아이들은 없다. 만들 필요가 없기 때문이다. 밖에만 나가면 생화가 지천이니까 말이다. 우리는 지금 참 편한 세상에서 살고 있다. 전화 한 통화, 아니 휴대전화 자판만 두드리면 나가지 않아도 무엇이든지 집안에서 해결되는 세상이다. 어머니날의 카네이션도 그렇게 보낼 수 있고, 또 받을 수 있다.

이전에 내 손으로 직접 만들어 달아드리던 때의 마음과는 사뭇 다르다. 그 꽃을 만드는 그 시간에는 엄마 생각하며 뭔지 모를 애틋함이 있었는데… 그리고 우리가 만든 꽃은 생화와 비교도 되지 않는 보잘것없고, 어설픈 꽃으로 생화같이 보기 좋은 꽃은 결코 아니었는데… 그러나 비록 초라한 그런 꽃에는 보이지 않는 정성이 있었다. 비록 카네이션 같지 않은 카네이션이지만 그것을 엄마 가슴에 달아드리면 잔잔한 미소로 사랑의 표현을 하신 엄마가 떠오른다.

요즘은 계절과 상관없이 모든 꽃을 볼 수 있어 의미 있는 꽃에 대해서도 별로 관심이 없지만 그나마 5월이 되면 카네이션이 다르게 보인다. 막상 달아 줄 사람, 달아 주는 사람이 없다고 생각하니 카네이션은 이내 서글픈 꽃으로 보이기 시작했다.

가슴에 카네이션을 달아 드릴 어머니가 살아 계신다면 좋겠다. 하늘에 계신 엄마 생각에 가슴이 미어진다. 그리움이 사무친다. 너무도 보고 싶다. 카네이션이 지천이건만 그 꽃을 달아드릴 엄마가 그립다. 또한 그 꽃 한 송이 달아 주는 딸이 그립다. 태평양을 건너 있는 딸에겐 전화하면 되건만, 천국에 계신 내 엄니에겐 전화도 할 수 없으니 더 가슴이 아리다. 딸에게도 나의 이 여린 마음을 들키면 아니 되겠기에, 딸이 나의 그런 마음을 알면 더 마음 아파할 것이 분명하기에, 애써 아린 가슴을 쓸어내리며 태연한 척한다.

올해도 어버이날이 올 것이다. 난 어버이날을 좋아하지 않는다. 어머니를 생각할 때 드는 생각과 아버지를 생각할 때 드는 생각이 다르기 때문이다. 그렇기에 이전처럼 순수하게 어머니만 생각하는 어머니날과 아버지만 생각하는 아버지날이 따로 있는 것이 더 효율적일 것 같다.

이제 나는 어머니날에는 어머니 꽃인 카네이션을, 아버지날에는 어떤 꽃을 아버지 꽃으로 할까 궁리해 보려 한다.

[20210505]

행복한 어느 날의 추억

이 세상에서 태어나 살아가는 사람이라면 반드시 자기만의 날이 있다. 혹 그날을 잊어 지나치거나 모를 수는 있어도 그날이 없는 사람은 없다.

그날은 바로 생일이라고 하는 자신이 태어난 날이다. 그리고 태어났으니까 존재하는 것이다. 그러므로 생일은 누구에게나 반드시 있다. 누구에게나 있는 날이고, 해마다 오기에 때로는 잊고 넘어가기도 하고, 때로는 아주 의미 있게 보내기도 한다.

혹자는 이 세상에 태어난 사람 중에 생일 없는 사람이 없으니까 별것 아니라고 말하기도 하지만, 내 생각은 다르다. 일 년 중 오직 자신이 주인공이 되는 기쁘고 의미 있는 날은 내가 세상에 태어나 첫울음으로 자신의 존재감을 나타낸 생일이라는 생각이다. 그날만큼은 자신을 세상에 보내 주신 하나님께 감사하고 삶의 의미를 생각하며 축하도 받고, 즐겁고 뜻있게, 그리고 나를 낳아 주시고 길러주신 부모님의 은혜를 더욱 생각하는 날로 보내야 한다.

나도 지금까지 나이만큼의 생일을 맞고 보냈다. 그렇게 많이 맞았던 생일 중에는 흐뭇하게 보낸 날도 많았지만, 기억조차 없이 무의미하게 보낸 날도 많았다.

내 어릴 적의 부모님은 네 명이나 되는 자녀들의 생일을 어떤 방법으로든 꼭 챙기셨는데 가장 기억에 남는 생일은 중학교 2학년 때의 생일이다. 나의 부모님께서는 교회의 담임목사님을 직접 집으로 초대하셨다. 담임목사님의 인도로 예배를 드리며 축복기도까지 받은 생일의 일이 지금도 생생하게 생각난다. 그렇게도 멋지게 보낸 생일이었기에 행복한 기억으로 남아 있다. 그 외에도 기억하는 생일의 아름다운 추억들이 많이 있지만, 지금은 가장 최근에 맞았던 특이하고 행복했던 생일의 감격을 생각하고 싶다.

그러니까 꼭 4년 전에 맞은 생일은 지금도 생각하면 할수록 행복한 추억 속의 날이다. 그것은 여고 동창 친구 가족의 축하를 받은 생일이었기 때문이다.

살림하는 중년의 여인들이 다 그러하듯 특별한 일이 없는 한

절친한 친구라도 일 년에 한두 번 만나기도 쉽지 않다. 벼르고 별러서야 한 번 만나는 정도였다. 그런데 생일을 며칠 앞둔 어느 날, 친구와 통화하며 만날 날을 정하던 중 서로에게 맞는 날이 바로 내 생일이었다. 대화 중, 얼떨결에 그냥 일상처럼 쉽게 만나자고 약속해 버렸다.

사실, 생일에는 홀로 계신 아버지를 찾아가서 나를 세상에 오게 하심에 감사하며 식사를 함께하려 했다. 그런데 전화로 아버지께 내 생일임을 말하지 않고 방문할 것을 말씀드렸더니 아버지께서는 마침 그날 선약이 있으시다고 말씀하셨다. 그날이 맏딸의 생일인 것을 잊으신 듯하여 조금은 서운했으나 도리어 잘 되었다고 생각하고 아버지 계획대로 하시라고 했다.

그렇기에 친구와의 약속을 지킬 수 있었다. 덕분에 죄송하고 불편한 마음 없이 가벼운 마음으로 친구를 만나러 친구가 사는 곳까지 남편과 함께 드라이브 겸하여 달려갔다.

4월 중하순의 산천은 연록의 옷으로 갈아입는 중이어서 그런지 너무도 포근하고 여릿한 풍경과 봄꽃들이 지천으로 피어 나의 탄생을 축하해 주는 것만 같았다. 그런 광경들이 아름다운 계절에 나를 낳아 주신 엄마가 더욱 그리워지고 보고 싶게 만들었다.

친구를 만나기로 한 장소로 갔다. 그런데 친구의 남편까지 함께 나와 나를 반겼다. 나는 친구에게 내 생일임을 말하지 않았으나 친구는 내 생일을 기억하고 있었다. 그래서 친구의 남편은 선약이 있었지만, 약속을 취소하고 친구와 함께 나온 것이었다. 또한 친구의 딸은 멋진 꽃다발을 한 아름 안고 와 내게 안기며 나를 축하해 주었다. 마치 내 딸에게서 받는 느낌이었다. 얼마나 황송하고 미안하던지 몸 둘 바를 몰랐다. 한편으로는 이렇게 내가 대접 받을 자격이 있는지 미안한 마음과 함께 울컥거리는 마음을 애써 참았다.

사실 나는 세 명의 동생이 있건만 선물은커녕 축하 문자 하나만 받았을 뿐인데 친구가 이렇게 멋진 생일 축하를 해 주니 어찌 감격하지 않을 수 있을까?

또한 친구는 내 취향에 맞는 멋진 음식점까지 예약해 놓았다. 고마운 마음에 비용만이라도 내가 내려고 몰래 나가 계산대에 가서 계산하려고 하니…, 세상에 벌써 친구가 계산을 마쳤던 것이었다. 이제는 화를 내도 될 것 같았다. 고마움은 고마움으로 표현함이 정상이건만 고마움에도 화를 낼 수 있다는 아이러니한 생각까지 들었다. 그러나 마음 저 바닥부터 올라오는 감정은 친구의 배려가 고마웠고, 우리의 관계가 너무도 귀하고 아름답게 여겨졌다.

찻집으로 자리를 옮겨 담소하며 시간을 보내고 바쁜 시간에 나에게 시간을 내어준 친구와 헤어져 아쉽고 뭔지 모를 무거운 걸음으로 돌아왔다. 이럴 때 시간이 조금만 배려해 주어 천천히 가면 얼마나 좋을까 생각했지만, 시간은 그렇게도 유유히, 도도히 흘러만 갔다.

친구 덕분에 모처럼 생일을 멋지게 보냈다. 서산 넘어가는 해님이 나를 보고 방긋 웃는다. 해님의 미소가 내 행복을 같이 해주는 것만 같았다. 그리고 보니 해님도 행복해 보였다. 나도 서산 넘어갈 때 그렇게 방긋 웃으며 가고 싶었다. 그런데 그렇게 갈 수 있을 것 같은 훈훈한 내가 태어난 날의 일화였다.

시간은 흘러 저렇게 훈훈한 생일의 추억이 있은 지 4년이 지났다. 그날이 그리워진다. 그 사이 '코로나19 바이러스'라는 복병이 등장하여 우리의 만남을 더욱 더디게 만들었다. 친구는 몸이 좀 약하기에 효심 짙은 딸이 자기 엄마를 보호하고 나아가 감시(?)하여 도무지 꼼짝도 할 수 없어 우리의 만남은 더욱 힘들었다. 친구 딸의 효심은 내가 봐도 눈물이 날 정도다. 딸을 잘 키운 친구가 더 대단하지만 말이다. 비록 만나지는 못했지만 적어도 일주일에 한 번은 통화하며 서로의 안부와 지내는 상황을 이야기한다. 그렇게 우정이 이어져가고 있다.

남녀를 불문하고 나이 들어 세상 살아갈 때 꼭 필요한 것이 많이 있지만, 그중에서 빼놓을 수 없는 아주 귀중하고 반드시 있어야 할 것은 친구라고 한다. 정말 맞는 말이다. 친구가 수명에도 큰 관계가 있다고 하니 친구는 참으로 필요하고 소중한 존재다. 내 말을 들어 줄 친구가 단 한 명만 있다면 그 사람은 행복한 사람이라고 하는데 그렇다면 나는 정말 행복한 사람이다. 그런데 우리는 서로를 위해 기도까지 해 주는 사이니까 행복 위의 행복이다. 그것은 이 땅에서만이 아닌 천국까지 함께 할 수 있으니까 그렇다.

바라기는 친구나 나나 주님이 부르시는 그날까지 더 열심히 주님 사랑 안에서 건강하게 살면 좋겠다. 몸도 마음도 신앙도 다 건강하여 주님을 기쁘시게, 그리고 주님께 영광 돌리는 우리들의 삶이 되기를 간절히 기도한다. 그리고 하나 더 노력할 것은 우리의 이 소박한 우정이 주님의 칭찬거리가 되도록 서로를 더 아끼며 더 기도해 주는 중보자의 역할을 그날까지 할 것을 다짐한다.

이렇게 멋진 생일의 추억을 안겨준 친구와의 우정을 점검하며 다시 한번 감사의 마음을 전하고 싶다. 그리고 이제는 친구의 생일에 내가 겪은 감격의 생일보다 더 큰 감격의 생일 이벤트를 해주고 싶다.

[20230403]

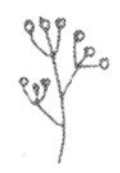

'다운' 것이 그립다

한 인간이 자라면서 가장 많이 듣는 질문은 '이다음에 무엇이 되고 싶으냐'라는 질문이다. 자라나는 아이들을 보면서 모든 어린아이가 꿈을 가지고 잘 자라기를 바라는 마음이 바로 이런 질문으로 나타난다. 이러한 질문을 받으면 어리면 어릴수록 그 대답이 추상적이지만 자라면 자랄수록 그 대답은 구체적으로 변한다. 아주 어린 시절에 남자아이 중에 대통령이 되겠다고 말하는 아이들이 얼마나 많은가?

무엇이 되고 싶은지 성장하면서 그 희망이 바뀌기도 하고 계속하여 같은 희망을 지니고 노력하여 그 꿈을 이루는 사람도 있다. 그런가 하면 어린 시절에는 빨리 어른이 되고 싶어 어른 흉내를 내며 놀기도 한다.

여자아이들은 엄마의 화장품을 몰래 바르기도 하고, 남자아이들은 자기 아버지 모습 중에 가장 인상 깊은 모습의 흉내를 낸다. 아이들이 빈번하게 하는 소꿉놀이도 이렇게 어른이 되고 싶은 마음에서 기인한 놀이인지도 모르겠다. 그런데 요즘에는 소꿉놀이하는 아이들을 별로 보기 힘들다. 소꿉놀이뿐만 아니라 어린이들만 할 수 있는 놀이를 하는 아이들 역시 보기 힘들다.

한 가지 예를 들어보자. 물론 이것은 나의 편견일 수 있으나 생각해 볼 여지는 있다.

요즘 동요는 아이들에게조차 인기가 없다. 동요 부르는 아이들을 찾아보기 힘들다. 대신 가요에 관심 있는 아이들은 많은데 그 이유 중의 하나는 빨리 어른이 되고 싶은데 가장 쉽게 어른처럼 보이는 것이 바로 이것이기 때문이다.

이러한 현상을 아이들만 탓할 것인가. 어른의 책임은 없는 것일까? 어린이가 어른 흉내 내는 것을 흥밋거리로 여기며 심지어는 신동이 났다느니 하며 호들갑을 떠는 어른들의 책임이 더 크다고 말한다면 나의 기우일까?

그저 어른 흉내를 잘 내기만 하면 대단하다면서 손뼉을 쳐 주고 좋아하는 모습을 아이들은 자신들을 칭찬하는 것으로 생각하여 신나 하지만 나는 마음이 무겁다. 어른들이 이러하니 어린아이들은 어른의 칭찬을 듣기 위해서라도 어른 흉내를 더 내려 하고 어린이임을 자신도 모르게 스스로 내려놓는다. 물론 그렇게 성장하여 대성할 수 없다고 말하는 것은 아니다.

분명한 것은 특별한 일이 없는 한 세월이 지나면 어린아이는 반드시 어른이 될 것이고, 인간은 자라면서 나이에 맞는 역할기대가 있다. 그렇기에 어린이는 어린이다운 어린이의 모습이어야 하는데 무엇 때문에 천진해야 할 어린아이가 미리 어른 흉내를 내야 하는지 가슴이 아리다.

요즘은 어느 것이 진정한 가치인지 가치관의 표준이 없는 시대 속에서 진정한 가치를 추구하지도 않은 채 살아간다고 하면 과장된 표현일까? 가치관의 혼돈은 역할의 혼돈을 가져왔다. 학생이 학생답지 못하고, 선생이 선생답지 못한 사회가 되어버렸다. 아니, 인간이 인간답지 못한 세상이 되어버렸다. "사람이 사람이면 다 사람이냐? 사람이 사람다워야 사람이지"라는 말이 있다. 모든 것이 제 이름에 걸맞아야 한다는 말이다.

겉과 속이 다른 것들이 너무도 많다. 이 땅에는 짐승과 같은 인간이 있는가 하면, 짐승만도 못한 인간도 얼마든지 있기에 이런 말이 있을 것이다.

또한 많은 것이 뒤죽박죽된 세상이라 표현해도 지나치지 않는다. 남녀의 모습도, 역할도 혼란스럽다. 몸은 어른인데 어른 구실을 못 하는 어른도 많다. 어린이 어른도 있고, 어른 어린이 또한 많다.

가깝게 우리의 가정을 보자. 진정한 가정의 역할과 기능을 상실하고 있다. 아버지에게 아버지다운 엄한 훈계가 없다. 어머니에게 어머니다운 자애로움도 없다. 그저 아버지는 돈만 많이 벌어오면 아버지로서 할 역할이 끝나는 것인 양 필요로 하는 물질을 잘 공급해 주고, 어머니는 가방 잘 챙겨 이 학원 저 학원으로 시간에 맞춰 보내는 것으로 부모의 역할을 다하는 세대가 되어 버렸다.

존경할 아버지나 자신의 깊은 속마음을 들어 줄 어머니가 없어 방황하는 자녀들이 많다고 하지 않는가. 부모는 부모로서의 역할기대가 충족되어야 부모다운 부모가 되는 것이고 마찬가지로 선생님은 선생님으로의 모범이 될 때 학생은 학생으로서 선생님을 닮아가려고 노력할 것이다.

교육학에서 중요하게 여기는 것 중의 하나가 바람직한 모델을 찾아 주고 그 모델을 닮아가도록 하는 것이다. 모델 설정을 잘하는 것은 굉장히 중요한 일이다. 누구를 모델로 하느냐에 따라 인생이 달라질 수 있기 때문이다. 그 모델이 가까이에서 늘 대할 수 있는 사람이면 더할 나위 없이 좋다. 그렇기에 부모가 자기 자녀의 모델이 된다면 참으로 이상적이다.

세상에 그 어떤 것도 '다워야' 한다. '다운' 것이 필요하다. 아무리 가치관이 혼돈된 사회라고 해도 눈에 넣어도 안 아플 자녀들을 위해서 가정에서 부모부터 부모다운 부모가 되어야 한다. 아버지는 아버지다워야 하고, 어머니는 어머니다워야 한다. 부모가 부모답다면 자녀는 자녀로서 자녀답게 될 것이다. 어린이는 어린이다운 멋과 맛이 있어야 하고, 어른은 어른다워야 한다. 여자는 여자다워야 하고, 남자는 남자다워야 한다. 목사는 목사다워야 하고 신앙인은 신앙인다워야 한다. 스승은 스승다움, 제자는 제자다움이 필요하다. 국민과 위정자들의 다움도 필요하다. 계절이 계절다워야 하듯 사람도 사람다워야 한다. 더위가 아무리 싫어도 여름은 여름답게 더워야 하듯, 아무리 겨울이 싫어도 겨울은 겨울다운 추위가 있어야만 한다.

이번 여름은 좀 무더울 것 같다. '코로나19'가 우리 마음을 삭막하게 하지만, 푸른 하늘엔 여전히 흰 구름이 가지각색의 모양을 만들며 떠다니고, 대지 위에서는 뜨거운 햇살에 곡식이 여물어 가는 풍요로움을 생각하며 마음의 여유를 가지고 더위와 친해져야겠다. 아무리 더워도 여름이 여름답게 지나가야 여름이었다 할 것이고 또한 찾아올 가을도 가을다울 것이다.

지금의 세상엔 다운 것이 없는 것만 같아 마음이 아프다. 우리가 있는 곳에서 자신의 다움을 지켜나가야 함이 절실하다. 이 땅

위에 존재하는 모든 피조물이 각자의 위치에서 자기 본분을 지켜 '답게' 살아가려 노력한다면 지구촌은 원래 주님이 만드신 목적을 이루게 될 것이다.

나는 지금 여자로서, 아내로서, 엄마로서, 딸로서 그리고 가장 중요한 하나님의 자녀로 제대로 다운 모습인지 돌아 본다.

[20210706]

제3부

배우고 깨닫고 실천하고

인생은 선택이다
늘 봄만 있다면
소에게서 배우다
버리지 못하는 이 불편한 진실
사소한 것은 정말 사소한 것일까
호랑이해니까
어항 속의 물고기를 보며
코 깨질 뻔했네
물도 먹고 세수도 하고
자랑하지 않으면 못사는 인간
교과서형 인간과 참고서형 인간
용두사미가 아닌 용두용미로
착각은 죄가 아니랍니다

삶은 배움의 연속이다.

나이마다 배울 것이 많다.

잘 배우고 멋지게 실천하는 삶이

가치 있는 삶이다.

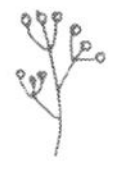

인생은 선택이다

"인생은 초콜릿 상자에 있는 초콜릿과 같다. 어떤 초콜릿을 선택하느냐에 따라 다른 맛을 느끼듯이 우리의 인생도 무엇을 선택하느냐에 따라 인생의 결과도 달라질 수 있다."

이 말은 영화 포레스트 검프에 나왔던 대사라고 한다.

사르트르는 "인생은 탄생과 죽음 사이의 선택이다."라는 말을 했다. 인생은 태어나면서부터 선택을 해야 하고, 또 선택되며 살아간다. 내가 누구의 자녀로 태어날지 내가 선택해서 태어나지는 않았지만 내 부모에게 나는 선택된 사람이다. 물론 부모가 나라는 사람을 지목하여 자녀로 태어나게 한 것은 아니다. 그러나 자녀를 잉태하면서 나는 그 부모에게 선택된 것이다.

이렇게 태어난 인간은 늘 선택 속에 살아간다. 내가 선택하든

타의에 의해 선택되든, 선택이다. 심지어 선택하지 않는 것 또한 선택되는 것이다. 한 마디로 인생은 선택이다.

선택하지 않고는 잠시도 살 수 없는 것이 인생이다. 우리는 매 순간순간 작은 일부터 일생일대에 중요한 일까지 선택하며 살아간다. 아침에 눈을 뜨는 그 순간부터 저녁에 눈을 감을 때까지 선택 속에서 살아간다. 사소한 선택에 대한 고민에서부터 어떻게 살아갈 것인가 하는 진로 선택과 배우자 선택까지 가장 최선의, 최고의 것들을 생각하며 선택한다.

지금도 생생하게 기억되는 내 딸이 3살 무렵의 일이다. 우리 집과 나의 친정집의 거리는 걸어서 5분도 채 안 되는 위치에 있었다. 워낙 할머니를 좋아하던 내 딸이 온종일 할머니 댁에서 놀다가 석양이 져가는 시간에 할머니 손을 잡고 집으로 왔다. 이제 할머니와 내일 만날 것을 약속하고 헤어지는 일만 남았는데 딸 마음에 할머니와 헤어지기도 싫고, 내 얼굴을 보고는 나와 헤어지기도 싫었던 모양이다.

할머니께서 내일 볼 것을 말씀하시고 가려고 하시는데 잠시 불안한 표정으로 있더니 급하게 할머니를 부르며 할머니 곁으로 달려갔다. 그래서 그러면 오늘은 할머니 집에서 자라고 했다. 그랬더니 나를 힐긋 쳐다보고는 다시 내게로 달려와서 내 품에 안겼다. 할머니는 다시 안녕하고 가시려고 하는데 내 딸은 다시 할머니께로 달려가서 할머니 품에 안겼다. 이렇게 할머니 품에서 내 품으로 왔다 갔다 몇 차례 하더니 눈에서는 눈물이 뚝뚝 떨어졌다.

결국 내게로 온 것으로 일단락되었지만 딸아이 마음엔 선택해야 하는 고통과 아픔이 있었던 것 같다. 지금도 그때의 일을 이야기하며 자기 일생에 가장 힘든 선택이었다고 말한다.

이왕 딸 이야기가 나왔으니 선택과 관련한 딸 이야기를 하나 더 해 보자.

내 딸이 초등학교 저학년 시절에 함께 홍콩에 갔을 때 일이다. 지금은 우리나라에도 장난감 상점이 무척 많지만, 그때만 해도 한국에는 장난감이 그리 다양하지 않았던 시절이었다. 지금은 없어졌지만 몇 년까지만 해도 세계적으로 널리 알려졌던 장난감 상점에 들어갔다.

딸은 너무도 많은 장난감 앞에 눈이 휘둥그레졌다. 그 많은 장난감에 압도되었던 모양이었다. 제일 맘에 들고, 또 갖고 싶은 것을 고르라고 하니 처음엔 무척 기쁜 표정을 짓더니 이내 안절부절못하며 이것 들었다 놓고, 또 저것 들었다 놓기를 수도 없이 반복하는 것이었다. 이것을 들고 보니 저것이 눈에 뜨이고 저것을 들고 보니 이것이 보이고… 그 갈등은 얼마나 컸을지 짐작이 되고도 남았다. 얼굴은 상기된 채, 시간만 지나가고 있었다. 결국 제대로 된 장난감 하나도 고르지 못한 채 상점에서 나오고 말았다. 지금도 그날의 딸 모습이 눈에 선하다.

그날의 내 딸 아이 마음을 한번 정리해 보면 경제용어는 몰라도 어쩌면 최소의 비용으로 최대의 효과를 누려야 한다는 강박관념이 어린 딸 마음에 존재했던 것 같다. 가지고 싶은 것은 많은데 그 많은 것 중에 하나만을 골라야 하는 어려움과 지금은 이것을 선택했지만, 그것이 최선의 것이 아니면 어쩌나 하는 마음, 그리고 지금 선택한 것이 잘못 선택한 것이 되는 실패에 대한 두려움이 그 어린 마음에 존재하였음에 틀림이 없다. 자신을 믿고, 선택하기엔 내 딸의 마음이 너무 여리고 욕심이 없었다.

이처럼 누구나 자주 겪는 선택의 갈등은 물건을 구입할 때 본격적으로 나타난다. 별 대수롭지 않은 물건 하나를 사려 해도, 많은 물건으로 인해 선택해야 하는 것이 고통이 되기도 한다. 너무 많은 물품 앞에 질려 뇌의 상태는 마비가 되기도 한다. 그래서 어떤 것을 선택해야 후회하지 않을지 망설이다가 도리어 대충 선택하게 되는 경우가 종종 있다. 좋아서 샀는데 지나고 보니 별로 좋지 않고, 좋지 않다고 생각했던 것이 더 좋을 때가 있다.

'쟁반에 사과 두 개. 언니 한 개, 나 한 개. 받아보면 작아 보여 자꾸자꾸 대봅니다.'라는 초등학교 시절 교과서에 실렸던 글이 생각난다. 경우에 따라서는 가장 좋은 것으로 선택했는데 결과는 그저 그럴 때가 있다. 또 정반대일 때도 있다. 물론 선택할 때의 상황에 따라 달라질 수도 있다. 선택할 때는 가장 좋은 것, 최상의 것을 택하려 하지만 그것이 반드시 최고의 것이 되지는 않는다.

이런 형태의 제일 쉽게 생각나는 예는 배우자의 선택이다. 누구나 내게 제일 잘 맞고 좋은 사람을 골라 결혼하려 하지만, 행복한 부부보다는 갈등하는 부부들이 많은 것을 보면 그것이 증명되는 하나의 예다.

'우리의 진정한 모습은 능력이 아니라 선택에서 온다'라는 말이 있다. 어차피 인생이 선택 속에 살아가는 것이라면 선택을 잘해야 한다. 선택은 기회가 되기 때문이다. 잘 선택하면 삶이 윤택하여지기도 하지만 그와 정반대로 되기도 한다. 그러므로 신중히 생각하고 또 생각하여 결정해야 한다. 그리고 선택에는 반드시 책임이 따른다. 선택을 한다는 것이 누구에게나 쉬운 일이 아니다.

무엇인가를 선택하여 결정하는 것은 스트레스다. 우유부단한 사람, 선택에 확신이 없는 사람은 선택해야 할 때 많이 망설이게 되고 마음의 심한 갈등을 겪기도 한다. 세상에는 소위 말하는 결정 장애가 있는 사람들이 많다. 오죽하면 어떤 식당 메뉴에 '아무거나'라는 것이 생겼을까? 이처럼 선택한다는 것이 그리 쉽고 간단한 것이 아님을 보여주는 한 예다.

때로는 신중하게 결정해야 할 것도 있지만 모든 일이 오랜 시간 고민한다고 해서 좋은 선택을 하는 것이 아니다. 비교적 사소한 일은 과감하게 빨리 결정하는 것이 나을 때도 있다. 삶 가운데 소소한 선택이나 크고 중요한 선택이나 모두가 다 지혜가 필요하다. 또한 좋은 선택, 후회 없는 선택을 하기 위해서 가장 중요한 것은 명확한 목표설정이다.

'선택의 힘으로 성공할 수 있다'라고 말한 시어도어 루빈의 말처럼 선택으로 생긴 그 힘으로 승리하는 삶이 되면 좋겠다.

[20210905]

늘 봄만 있다면

3월을 봄이라 일컬어도 뭐라 할 사람은 없다. 입춘은 이미 2월 초에 지났고, 대동강 물도 녹기 시작한다는 우수 역시 2월에 지났다. 개구리가 동면에서 기지개를 핀다는 경칩이 6일인 것을 보아도 봄은 봄이다. 갈 것 같지 않았던 겨울 동장군도 슬금슬금 떠나고 있다.

하지만 '봄바람은 품으로 기어든다'라는 말처럼 몸으로 느껴지는 추위는 아직도 우리를 움츠리게 한다. 햇볕은 따스하지만 '꽃샘추위에 설늙은이 얼어 죽는다'라고 누가 봐도 아직 봄은 아닌 듯하다. 천문학적으로 봄은 춘분에서 하지까지를 가리킨다고 하니 3월 하순이나 되어야 진정한 봄인지도 모른다.

그런데 언제부터인가 베란다엔 작은 움직임이 보였다. 누렇게 변해버린 나뭇잎 사이에 붉은 꽃망울이 수줍게 꿈틀거리더니 결국 자신의 자태를 드러내고 말았다. 또한 프리지어 잎사귀가 어느 날부터 꽃대와 함께 왕성하게 자라 급기야 꽃봉오리를 터트렸다. 노란색이 아닌 연보라의 꽃이 사순절을 알려주는 전령사처럼 한 몫을 톡톡히 감당하고 있다. 그 향기는 주님이 우리를 위해 당하신 고난과 함께 다 함 없는 사랑을 알려주는 듯 향기롭다. 날씨는 차가워도 봄은 그렇게 시작되나 보다.

사계절 중 어느 계절을 좋아하느냐고 물으면 그 대답은 참으로 다양하다. 어떤 사람은 만물이 기지개를 피고 생동하는 봄을, 어떤 사람은 싱그러운 푸르름과 바다가 부르는 여름을, 어떤 사람은 인생을 생각하게 하고 사색할 수 있는 가을을, 어떤 사람은 하얀 눈의 겨울을 좋아한다고 말한다. 그것은 각자의 취향과 기질에 따라 좋아하는 계절 역시 다양하기 때문일 것이다.

어느 계절을 좋아하는지는 나이와 처해 있는 환경에 따라 달라질 수 있다. 대체로 젊은 사람일수록 여름이나 가을을 좋아하고 노인이 될수록 봄을 좋아하는 경향을 보게 된다. 여름만 빼놓고 모든 계절을 좋아하는 나 역시 젊은 시절엔 유독 가을을 좋아했다.

봄은 내가 태어난 계절로 잠자던 온 세상이 잠에서 깨어 꿈틀거리듯 온갖 나뭇잎에 물이 오르기 시작하고 갖가지 꽃들이 멋지게 자태를 드러낸다. 자연히 생동감이 느껴지고 희망의 부푼 마음을 선사하니 좋다.

그리고 가을은 넓은 들에 익은 곡식이 마음을 풍요롭게 하고 푸른 하늘과 갈색의 산하가 인생을 생각하게 하니 더없이 좋다.

또한 겨울은 흰 백색의 산야가 고요함을 느끼게 하고 또 동시에 내가 가장 좋아하는 크리스마스가 있으니 얼마나 좋은지 모른다.

그러나 여름은 견디기 힘들어 좋아하지 않는다. 더위를 못 견디는 나의 체질과 건강 때문이다. 그렇지만 내가 싫어한다고 없으면 안 되는 꼭 존재해야 하는 계절이 여름이다. 여름은 반드시 있어야만 한다. 작열하는 태양으로 온갖 곡식이 익어야 우리가 살아갈 수 있으니까 더욱 그렇다.

그러니 사계절 모두는 어느 하나 버릴 것이 없는 꼭 있어야만 하는 계절이다. 하기야 하나님께서 어련히 잘 알아 우리에게 다양하게 계절을 주셨을까.

봄은 시작의 계절이다. 계절의 주기로 볼 때 '한 해의 계획은 봄에 세우는 것'이라고 말하는데 이는 시작을 뜻하는 첫 번째 계절이라는 말이다. 이처럼 시작의 계절인 봄, 내가 가장 좋아하는 봄은 사람의 마음을 설레게 한다. 봄은 뭔지 모를 기대감과 희망을 준다. 봄에는 겨우내 얼었던 땅이 녹고, 긴 겨울잠을 자던 온

삼라만상이 기지개를 피는 때다. 추위로 인해 죽은 듯 조용하던 생명체들이 꿈틀거리기 시작하여 무엇인가를 시작하려고 부지런해지는 역동의 계절이 바로 봄이다.

그런가 하면 봄은 푸르름의 시작이다. 봄에는 여리고 가냘픈 새싹이 얼어붙어 단단한 땅을 뚫고 나온다. 또한 앙상하게 말라버린 듯한 나뭇가지에 연록의 물이 오르는 계절이다. 언제부터인지 녹기 시작한 깊은 계곡의 얼음 밑으로 활기차게 흐르는 물소리까지 생동감 있게 들리는 계절이 봄이다.

이렇듯 많은 것들이 봄을 알리지만 그중에서 가장 중요한 것은 봄에는 소중한 예수님 부활의 날이 들어 있다. 이 예수님의 부활은 새 생명에 대한 하나님의 약속으로 죽음이 부활로 재탄생하는 희망과 환희의 날이다.

봄은 정서적으로 화창한 자연에 의해 느끼게 되는 흥겨움과 온화함이 있다. 그래서 봄은 좋은 계절이다. 이처럼 봄은 생동하는 움직임이 있으며, 날씨와 기온은 우리가 살기에 최고로 적합하다. 게을렀던 우리 마음을 다시 한번 돌아보게 하고 그래서 새로운 결심으로 하루하루를 살아가게 하는 저력이 있는 계절이 봄이다.

내가 잘 아는 한국음식점 중에 '늘 봄'이라는 상호를 가진 식당이 있다. 이름이 풍기는 분위기와 어감이 좋다. 그래서인지 이 이름을 상호로 하는 음식점이 이곳저곳에 있는 것을 볼 수 있다. 어느 날, 늘봄식당에서 음식을 시켜 놓고 이런 생각을 해 보았다. 사계절 중에 봄 앞에 '늘' 자가 있는 것처럼 사계절에 하나씩 '늘' 자를 넣어 '늘' 자 다음에 여름, 가을, 겨울을 차례로 넣고 읊어 보았다. '늘 여름, 늘 가을, 늘 겨울'. 그런데 '늘 봄' 하나를 제하고는 발음하기에도 어색하지만 자연스러움도, 풍기는 어감도, 그 뜻도 맘에 들지 않았다.

여름이 좋다 한들 늘 여름이면 좋을까? 아무리 바다가 좋고 해변이 좋아도 늘 거기서 살 수만은 없고, 이제 좀 서늘해졌으면 좋겠다는 하소연이 나오고 더위에 지쳐 일의 능률을 기대할 수도 없을 것이다.

가을이 좋다 한들 늘 가을이면 좋을까? 늘 사색만 하면서 지낸다면 아마도 우울증에 빠져 생동하는 만물이 그리워질 것이다.

또한 겨울이 좋다 한들 늘 겨울이면 또 어떠할까? 눈이 좋아도 날마다 눈 속에서 지낸다면 '이제 그만'이라는 큰소리가 저절로 튀어나올 것이고, 추위에 지친 움츠린 몸과 마음이 따뜻함과 생동감을 그리워하며 아우성치지 않을까?

그렇다면 '늘 봄'은 어떠한가? 봄 앞에는 다른 계절 앞에 붙인 '늘' 자보다 어색함이 별로 없다. 다른 계절에 비해 봄은 우리에게 희망을 던져 주기에 늘 봄처럼 살고 싶다.

늘 봄처럼 늘 봄에서 살고 싶다. 봄의 여린 새싹을 보며 천진한 아이들을 생각한다. 그러고 보니 봄은 무한한 가능성과 희망을 품고 성장하는 아이들의 계절이다. 이 어린아이처럼 순수하고 세파에 물들지 않은 순진함으로 살고 싶은 마음이다. '겉 사람은 후패하나 속 사람은 날로 새로워져야 한다'라는 성경 말씀처럼 마음만은 늘 봄이었으면 좋겠다. 영어로 봄은 스프링(spring)이다. 샘 솟는 희망으로 늘 봄처럼 살고 싶다.

그러나 만일 늘 봄만 있다면 그렇게 좋은 봄도 좋은지 모르고 그날이 그날이니까 지루하고 나태해질 수도 있다. 겨울이 추우면 추울수록 봄이 더 기다려진다. 그러고 보면 늘 봄만 주지 않고 사계절을 주신 것이 얼마나 고마운지 모른다. 계절은 변하지만, 마음만은 늘 봄처럼 따뜻하고 생동감 있게 살고 싶다.

[20230303]

소에게서 배우다

생각하기도 싫을 만큼 많이 힘들었던 2020년이 저물고, 이어 대망의 2021년을 맞았다. 2020년 새해 벽두부터 우리를 괴롭힌 '코로나19'는 지금도 그 기세가 꺾일 줄 모른다. 지구촌에 사는 사람들은 모두가 같은 불안감 속에서 새해를 맞았다.

그러나 그렇게 낙심할 것만은 아니다. 물론 백신 개발 소식이 있지만, 그보다 아무리 힘들고 길이 안 보이는 어려움 속에도 우리의 모든 것을 다 아시는 하나님께서 우리를 인도하시며 선한 뜻을 이루어 합력하여 유익하게 하실 것이므로 감사하면서 새해를 시작한다. 그리고 소망을 가진다.

2021년은 '소의 해'다. 20년은 작은 동물의 상징인 '쥐의 해'였는데 그다음 해인 올해는 큰 동물의 하나인 '소의 해'다. 내가 이렇게 동물을 주제로 새해 첫 글을 쓰는 것은 그것을 중요하게 여겨서가 아니라 동물 아니 미물에게서도 배울 것이 있으니 이왕이면 한 해를 상징하는 동물을 통해 배워야 할 교훈을 얻기 위함이다.

사전에 보면 많은 동물 가운데 경제적인 소득을 위하여 또는 좋아하여 집에서 기르는 짐승을 가축이라고 쓰여있다. 개, 돼지, 고양이, 양, 말, 닭 등이 여기에 속하는데 모두 사람에게 유익을 주는 동물이다. 그중에서 소는 그 어떤 동물보다 희생적인 동물이다.

우리 민족과 소는 떼어 놓을 수 없을 만큼 밀접한 관계에 있었다. 농업 국가인 우리나라에서는 소를 귀하게 여길 수밖에 없었다. 농사에 소는 필수적인 동물이었다. 논밭을 가는 데는 물론, 무거운 짐을 실어 나르는 일까지 도맡아 하였다. 그래서 우리 조상들은 자신의 필요 때문에라도 소를 귀하게 여길 수밖에 없었다. 그래서 꿈에 소가 나타나면 대체로 길몽으로 보며 식구, 집, 재산, 사업체, 금전운, 권위, 명예 등을 상징했다고 한다.

어릴 때 소는 버릴 것이 하나도 없다는 말을 들은 적이 있다. 그러고 보면 소는 살아서는 주인을 위해 묵묵히 일하고 또 죽어서는 자신의 모든 것을 사람을 위해 주는 동물이다. 소의 살(고기)은 그 부위에 따라 각기 다른 요리를 만든다. 그리고 소의 뼈, 뿔과 발굽, 소의 가죽, 소의 털, 심지어는 소의 내장과 피까지 사람이 먹을 음식과 약을 만드는 원료로 쓰이기도 하고 사료로도 쓰인다고 한다. 소의 담석은 우황이라고 하여 한약재로 아주 귀한 약으로 쓰이고 있다.

이처럼 소는 인간을 위해 모든 것을 아낌없이 주는 희생적인 동물이다. 이러한 헌신적인 모습과 우직한 모습에서 성실과 근면함을 느낀다. 또한 동서양을 막론하고 소는 풍요의 상징으로 여긴다. 인도나 이란에서는 소가 생명의 원천이며 제물로 쓰이고 있다.

우리나라도 고대 문헌에 보면 소를 희생 제물로 썼다는 기록이 있다. 이 제단을 선농단이라 하였으며 해마다 풍년을 빌기 위하여 봄에 소를 바쳐 임금이 친히 제사를 지냈다. 선농제에서는 제물이 되어 죽은 소를 그대로 버렸을 리는 만무하므로 이것을 탕으로 하여 먹었음을 짐작할 수 있는데 오늘날의 설렁탕 유래가 되었다고 한다. 그런가 하면 소는 인도에서는 지금까지도 힌두의 가장 큰 숭배의 상징으로 대표된다.

성경에 보면 하나님께서도 소를 사용하셨다. 사무엘상 6:7에는 "젖 나는 소 두 마리"라고 기록되었는데 이것은 새끼를 낳은 지 얼마 안 되어 젖을 먹여야 하는 새끼가 있는 암컷임을 말한다.

사무엘상 6:12에 보면 그 소가 이스라엘 땅으로 가면서 울었다고 했다. 소는 모정이 강한 동물이다. 이 소는 자신의 새끼가 있음에도 불구하고 맡은 사명을 위해 좌우로 치우치지 않고 앞으로 걸어갔다. 그리고 사무엘상 6:14에 보면 벧세메스로 간 두 소는 번제의 희생 제물이 되고 말았다.

우리나라에서는 소에 얽힌 전설도 있고, 속담 또한 많다. 우리가 잘 아는 속담 몇 개만 예를 들어보면, '소털같이 많은 날', '소 뒷걸음치다 쥐잡기', '못된 송아지 엉덩이에 뿔 난다.', '소귀에 경 읽기', '소 죽은 귀신같다', '소 잃고 외양간 고친다.', '바늘구멍으로 황소바람 들어온다.', '닭 소 보듯, 소 닭 보듯 한다.', '바늘 도둑이 소도둑 된다.' 등이 있다.

그런가 하면 소를 소재로 지은 시도 많이 있는데 특히 박목월 님의 '황소 예찬'이라는 시는 참으로 우리의 심금을 울린다. 그 밖에 여러 시인이 소를 소재로 시를 쓰기도 했다. 이처럼 소를 소재로 시인은 시를 쓰고, 화가는 그림을 그렸다. 우리가 잘 아는 이중섭 화가의 소에 대한 그림은 모르는 사람이 없을 정도로 유명하다. 또한 몇 년 전에는 우리의 마음을 짠하게 만들었던 집에서 한 식구처럼 지내는 친구 같은 소와의 삶을 그린 '워낭소리'라는 다큐멘터리 영화가 나오기도 했다.

소는 예쁜 것과는 거리가 멀다. 아름답지도 않다. 소는 그 모습조차 꾀도 부리지 않는 우직하고 충성스럽고 부지런하게 느껴진다. 또한 빨리 달리는 것과는 거리가 먼 느린 걸음으로 목적지만을 향하여 터벅터벅 걸어가는 동물이다. 소의 특징은 끈기와 성실이다. 소는 여유를 의미한다고 한다. 어미 소가 새끼 송아지를 핥아 주는 사랑의 모습에서 자애의 상징으로 인식된다.

이러한 특징을 가졌기에 소를 상징 동물로 사용하는 나라나 대학이 있다. 또한 정당, 단체 등에서도 소를 상징 동물로 정한 것을 보면 소처럼 끈기와 성실과 헌신적으로 봉사하자는 의미로 그렇게 정한 것 같다.

소를 생각하면 애처롭다는 생각과 함께 괜스레 마음이 숙연해진다. 만물의 영장이라면 소보다 나아야 할 것이고, 더욱이 하나님의 형상을 가진 성도라면 더 말할 필요가 없다. 소가 살았을 때나 죽어서나 주인을 위해 아낌없이 희생한다면 나는 과연 나의 주인이신 하나님께 어떻게 하고 있는지 부끄럽기만 하다.

이제 과거는 지나갔고 새로운 2021년 소의 해를 맞았으니 성실과 인내와 충성으로, 그리고 헌신과 봉사 정신으로 사는 2021년의 소가 되어보면 어떨까?

[20210104]

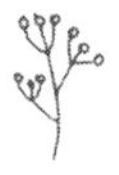

버리지 못하는 이 불편한 진실

가벼운 마음으로 책상 앞에 앉았는데 갑자기 숨이 꽉 막혀 온다. 주위를 돌아본다. 여유 있는 공간이 하나도 없이 무질서하게 놓여 있는 물건들이 한꺼번에 나를 주목하는 것 같다. 아니, 원망 어린 눈으로 나를 노려보는 것 같다. 여느 날과 다를 바 없는 똑같은 상태건만 이 무질서가 때에 따라 다르게 느껴지기도 한다.

어느 것 하나, 발이 있어 어지럽게 돌아다니지도 않고 오직 나만을 바라보며 늘 그 자리에 있는 나의 분신 같은 고마운 물건들이건만 때로는 부담스럽게 다가온다. 무엇이 이렇게 많은지 모르겠다.

가끔은 이 너저분한 나의 살림살이가 간결하지 못하고 복잡하기 그지없는 내 마음을 간접적으로 보여주는 것만 같아 스스로 얼굴이 붉어진다. 물자가 풍부한 오늘날엔 잘 버리는 것도 지혜며 미덕이라는데…

학창 시절의 나의 취미는 수집이었다. 실용성이 있건 없건 모았다. 특히 자료 수집을 좋아했다. 예를 들면 신문에 연재한 문학인에 관한 글, 혹은 역사 속의 기이한 일들, 자녀교육 문제, 때로는 요리에 관한 것들까지 나의 흥미를 유발하는 것은 모두 오려 내어 스크랩 하였다. 수십 년이 지난 지금까지도 누렇게 빛바란 신문 스크랩북 여러 권이 책꽂이에 꽂혀 내 모습을 대변하고 있다.

중학교 때는 이런 일도 있었다. 그때가 아폴로 우주선이 달에 착륙하여 세상을 놀라게 했을 때다. 날마다 톱뉴스로 보도된 신문 기사를 스크랩하여 과학 선생님께 보여드렸더니 칭찬과 함께 잠시 보시고 돌려주겠다고 하시면서 가져가셨는데 40여 년이 지난 지금까지 내 손에 들어오지 않았다.

지금도 내 주위의 사람들은 일하다가 무엇이 필요하면 나를 연상하며 나에게 가 보라고 한다고 하니 나의 버리지 못하는 버릇은 이미 자타가 인정하는 버릇임이 틀림없다. 문제는 이런 버릇을 버리고 싶어 하면서도 모질게 유지한다는 점이다. 그래서 가끔은 과감한 결심을 하기도 하지만 그 결심은 결심으로 만족해야 했다.

언젠가 몸이 매우 아팠다. 누구나 아플 때는 자신의 주변이 유난히 지저분하게 느껴진다고 하지만 누워서 둘러본 나의 살림은 옹색하기 그지없었다. 그것이 나를 서글프게 하더니 급기야 짜증까지 났다. 그래서 이제 잘 사용하지 않는 것, 오래된 것들을 과감히 처분하리라 굳게 마음먹고 실행에 옮기기로 했다. 그런데 버리려고 들어보면 언젠가 꼭 필요할 것 같아 보류하고, 결국 그날도 이쪽에서 저쪽으로 옮긴 것 외엔 정작 버린 것은 별로 없었다. 힘들게 내린 대단한 결단이었건만…

나름의 변명을 하자면 이렇다. 그 어마어마한 갈등과 함께 너저분하다고 생각하며 힘들게 버린 그 물건이 삶 속에서 더 요긴할 때가 많았음을 경험했었기 때문이다.

큰 물건들은 없으면 사용하지 않으면 되고, 또 필요할 때 사면 되지만 작은 물건들은 구입하기에 그리 수월하지 않고 또 없으면 안 되는 것들이 많았다.

이런 생각으로 마음이 무거웠던 어느 날, 문득 한 생각이 섬광처럼 뇌리를 스쳤다. '맞아, 이렇게 하는 거야' 그 기이한 생각이란 이런 것이었다. 그것은 이사하는 것이다. 이사를 하되 집을 바꾸는 것을 동시 동작으로 하루아침에 내어주지 않고, 지금 사는 집에 내 물건들을 그대로 놓아둔 채 새로운 집에 가서 살면서 필요한 것들을 그때마다 하나씩 옮겨 사용하는 방법이다. 그러면 실제로 버릴 것은 버려질 것이 아닌가.

그런데 고맙게도 이 멋진 생각이 실현될 기회가 생기게 되었다. 딸아이가 공부하러 미국으로 건너갔을 때 원룸을 하나 얻고, 정말 꼭 필요한 물건을 하나씩 사들이기 시작했다. 처음엔 비록 작은 원룸이지만 공간이 무척 넓었다.

이제는 정말 꼭 필요한 것들만 사들여서 내가 원하는 꿈을 이룰 것을 상상하며 즐거워했다. 그러나 삶이라는 것이 어찌 수학 공식처럼 그렇게만 되리오. 이것도 세월이 지나면서 군더더기가 생기기 시작했다.

누군가가 세월이 가면 먼지라도 더 붙는 법이라고 했는데 그 말을 증명이라도 하듯 우리의 살림은 하나씩 둘씩 늘어가기 시작했다. 처음 방을 얻어 들어갈 때 비하면 이사 나올 때 짐의 양은 말이 필요 없을 만큼 늘었다.

아무리 생각해도 잘 버리는 것은 나와 맞지 않은 행위라는 결론을 얻었다. 그래서 못 버리는 행위를 인정하기로 했다. 내가 이 땅에서 사라질 땐 어차피 다 버려질 것이라고 자신을 스스로 위로하면서 말이다.

어디 버릴 것이 눈에 보이는 삶 속의 물건들뿐이랴. 마음속에도 버리지 못한 것들로 가득 차 있지 않은가. 그래서 새로운 것을 넣을 여유가 없지 않은가. 내게 잘못한 사람에 대한 기억, 다른 사람이 내게 내뱉은 마음에 비수처럼 꽂힌 좋지 않은 말과 행동 등 버리지 못하여 힘들어할 때가 많은 나를 발견한다. 너무 오래되어 이미 버린 줄 알았던 것이 마음 한구석에 앙금으로 남아 있다가 어느 날 느닷없이 헤집고 올라와 나를 힘들게 하는 것들도 있다. 이제는 버려야 한다. 과감하게 버려야 한다.

버릴 때를 놓치면 후회할 일이 반드시 생긴다. 나쁜 성격, 버려야 할 습관, 끊어야 할 친구나 인간관계들은 정말 버리기 어렵다. 자신에게 해가 되는 줄 뻔히 알면서도 선뜻 결단하지 못한다. 혹 결단은 했지만, 실천에 옮기지 못할 때도 많다.

유익의 유무를 생각하기 전에 일단은 취하고 보는 욕심 어린 본능이 우리에겐 있다. 더 다양한 것들을 더 많이 가지고 싶어 취한 것들이기에 나에게 필요 없는 것이라도 그것을 버리지 못한다.

그런데, 눈에 보이는 물건이야 버리지 않으면 쓸데가 생기기도 하고, 아니면 다른 사람에게 줄 수도 있고, 지저분하게 보여도 조금 불편함을 느낄 뿐 삶에 그다지 큰 영향을 주지 않는다. 그러나 좋지 않은 기억들은 삶에 나쁜 영향을 주거나 혹은 인생을 망치게 하는 백해무익한 것일 뿐이다.

잘 버리는 것도 지혜다. 지혜 있는 자가 되기 위해 열심히 분리수거를 해 볼 작정이다. 보이는 물건들만 아니라 마음속에 자리 잡은 불필요한 마음의 찌끼까지 과감히 버리는 노력을 해야 한다.

버릴 것과 버리지 않을 것을 잘 분리하는 지혜를 먼저 터득한다면 나의 버리지 못하는 이 불편한 진실을 이제는 사랑할 수 있게 될 것이다. 어쩌면 그런 습성도 나를 이루는 한 부분이니까 말이다.

[20220605]

사소한 것, 정말 사소한 것일까

오래전, 〈우리는 사소한 것에 목숨을 건다〉라는 책이 번역되어 나왔다. 이 책은 미국에서 2년 동안 베스트셀러 1위를 차지할 정도로 인기가 높았던 책이다.

나는 지금 책 이야기를 하려는 것이 아니다. 다만 책 제목처럼 정말 우리는 사소한 것에 목숨을 걸고 있는가 하는 점이다. 그리고 정말 사소한 것은 사소하게 생각하는 것이 좋은 것인지 반대로 사소한 것을 너무 사소하게 생각해서 문제가 되는 때는 없었는지 생각해 보고 싶다.

사소한 문제를 방치하면 큰 문제로 이어질 가능성이 크다는 연구 결과도 있다. 바늘 도둑이 소도둑 된다는 것과 같은 이치다.

한 사람의 인생도 마찬가지라고 생각한다. 생각이 바뀌면 행동이 바뀌고 행동이 바뀌면 습관이 바뀌고 습관이 바뀌면 운명이 바뀌고, 운명이 바뀌면 인생이 바뀐다는 말이 있다.

나쁜 습관을 계속 내버려 두면 그 습관을 중심으로 계속 나쁜 버릇들이 쌓이게 된다. 반대로 좋은 습관만을 취해 그 수를 늘려 간다면 어느새 좋은 습관이 쌓여 그야말로 운명이 바뀌고 나아가 인생이 바뀐다. 그렇기에 작은 것을 결코 소홀히 해서는 안 된다.

작은 물방울이 모여 바위도 뚫고 강을 거쳐 바다로 향하듯이 모든 큰일의 시작은 사소한 것으로부터 시작된다. 작은 불씨 하나가 온 산을 태우고, 작은 모래알 하나가 마라토너 발가락에 끼어 완주를 못 하게 하기도 한다. 아주 미세한 쇳조각 하나가 나침반에 방향을 잘못 가리켜 배가 파선되기도 하고, 비행기가 항로를 잊어 추락하기도 한다. 작은 구멍 하나가 댐도 무너뜨리고, 배를 침몰시키기도 한다.

작은 불씨, 모래알, 작은 쇳조각, 작은 구멍은 사소한 것 중의 사소한 것이다. 그런데 결과는 돌이킬 수 없는 아주 큰 불행을 가져온다.

음식을 만들 때도 중요한 큰 재료를 실수하지는 않는다. 가령, 김치를 담글 때 배추를 배추 아닌 다른 것으로 잘못 사지는 않는다. 그러나 양념을 만들면서 어떤 한 재료를 잊어버리고 안 넣는 실수를 하기도 한다. 그 김치 맛은 어찌 되었을지 말하지 않아도 뻔하다. 음식을 성의껏 다 잘 만들어 놓고 마지막으로 설탕을 넣어야 하는 곳에 소금을 넣어 먹어 보지도 못한 채 버리는 경우도 보았다.

이렇듯 사소한 것을 소홀히 하여 낭패를 입는 경우가 허다하건만 우리는 사소한 것을 잘 챙기지 않는다. 꼼꼼하지 못한 행위이다. 무슨 일이든 꼼꼼하고 세밀해야 실수가 없다. 사소한 것을 사소하게 여기지 않는 마음이야말로 모든 것을 소중히 여기는 마음일 것이다.

큰일을 이루기 위해 대범하게 사소한 것에 집착하지 말고, 잔가지는 쳐버리고 앞뒤 좌우에 신경 쓰지 말고 목표를 향해 앞으로 나아가야 한다는 것을 모르는 사람은 없다. 그러면서 마음 한 구석에 이런 생각이 들었다. 사소한 것을 중요하게 여기는 것이 더 섬세하고 꼼꼼한 근성은 아닐까 하는 생각이다.

우리 민족은 사소한 것은 중요하지 않은 것으로 치부해 버리는 속성이 있다. 우리는 누구나 중요하게 생각하는 것들은 그야말로 중요하므로 틀리거나 적당히 하지 않는다. 왜냐하면 중요한 것이 잘못되면 큰 낭패를 보기 때문이다.

사실, 우리 인생사에서 중요한 것은 그리 많지 않다. 사소한 것들이 하루하루 우리의 삶을 이끌어 간다. 우리가 사는 지구촌에도 사소한 사람, 다시 말해 보통 사람들이 훨씬 많다. 그 사람들에 의해 역사는 이어져 간다. 그렇기에 모두 다 소중한 사람들이다. 다만 소중한 사람을 사소한 사람으로 여길 뿐이다.

우리 모두는 사소하지만 동시에 중요한 사람이라는 결론을 내린다. 그렇기에 사소하게 여기지 말고 모든 것을 소중하게 여기자. 사소하다는 생각이 드는 것일수록 더 소중히 여기고 감사해야 한다.

내가 글을 쓰고 나면 발표하기 전에 몇몇 사람에게 읽게 하여 또다시 수정한다. 그런데 언젠가 쓴 글을 읽은 한 사람이 제목이 맘에 안 들었는지 자신이 제목을 만들어 그것으로 하면 어떻겠냐고 말한다. 그냥 넘길 수도 있었지만, 다시 한번 생각해 보았다. 어찌 보면 이것도 사소한 일이지만 내 글에 관심 가져 주는 것만으로도 고맙기 때문이다. 그 일로 인해 제목을 바꾸었든 그냥 두었든 간에 그런 제안을 한 이유를 한번 생각해 보는 것도 유익한 일이었다.

사소하게 보이는 것일지라도 사소하게 여기지 않고, 하고자 하는 일에 낭패가 없는 지혜로운 자가 되고 싶다. 이렇게 사소한 글도 사소하게 여기지 말고 잘 읽어주면 좋겠다.

[20090616]

호랑이해니까

지난해는 참으로 힘들고 불안한 한 해였다. '코로나19'라는 신종바이러스가 온 지구촌을 장악했기 때문이다. 그러나 코로나바이러스가 아무리 힘들게 했어도 우리는 소(牛)해답게 소처럼 우직하게 잘 견뎌내고 호랑이의 새해를 맞았다. 새해를 맞을 때마다 새해 앞에 붙는 수식어는 대망이라는 것인데 정말 올해는 대망의 한 해가 되기를 기대한다.

호랑이해가 되니 나 어릴 적에 내가 생각했던 우습고 생뚱맞은 생각이 뇌리를 스친다. 그것은 내 아버지는 호랑이해에 태어나신 분이셨기에 마치 나는 아버지가 호랑이 같은 존재라고 생각했었다. 아버지 호랑이는 무섭고 엄격했지만 무슨 일이든 불가능이 거의 없는 전지전능한 분으로 여겼었다. 그렇기에 아버지의 한 마디는 권위가 있었고 그 말씀에 반드시 순종해야만 했다. 그래서 나는 아버지라면 마땅히 호랑이해에 태어나야 한다고 생각했다. 그렇지만 친구들에게 물어봐도 그들의 아버지 중에 호랑이띠를 가진 사람은 별로 없었다. 그런 점으로만 봐도 내 아버지가 가장 제대로 태어나신 것이라도 되는 양 은근 자만하기도 했다. 지금 생각하면 얼마나 우스운 일인지 얼굴이 붉어진다.

유치하지만 귀여운 생각의 철없던 어린 시절 내 모습을 그려보며 언제나 새해를 맞을 때마다 해 오던 대로 올해도 어김없이 호랑이를 조명해 보고 싶어졌다. 이처럼 수많은 동물 중 12가지를 골라 한 해를 대표하는 동물로 지칭한 데에는 무슨 이유가 있을 것이 분명하다.

그러나 나는 지금 그 이유가 궁금한 것이 아니라 그 해를 상징하는 동물을 생각하며 한 가지라도 유익을 얻고 싶은 마음이다. 아무리 작은 미물이라도 배울 것이 있다는 점에서 이 호랑이해를 맞아 이 호랑이에게서 배울 점이 무엇이 있는지 생각해 보려 한다.

호랑이 하면 즉각 떠오르는 생각은 '동물의 왕' 내지는 '무섭다'라는 것이다. 고집부리며 잘 우는 어린아이에게 '그렇게 울면 호랑이가 잡아간다'라는 말로 아이의 울음을 잠재우기도 했으니까 말이다. 사실, 실제로 존재하는 동물 중에서 가장 무섭고, 두려운 동물이 호랑이이기도 하다.

호랑이라는 말은 원래 호랑이 자체를 뜻하는 말이 아니라 범과 이리같이 흉악하고 포학한 사람을 호랑이라 지칭했다고 하는데 호랑은 '범 호(虎)'와 '이리 랑(狼)'의 합성 명사였다.

범을 두려움의 상징으로 여기다가 신성시하게 되어 범이라는 말을 금기어로 지정하였고 그 대체어로 호랑이라는 말을 사용하게 되었다고 하는데 동물 중에서 전통적으로 가장 높은 위상을 가졌다고 볼 수 있다. 산군, 산중왕 등의 존칭이 낯설게 느껴지지 않음을 봐도 그렇다.

또한 호랑이는 맹수로 과거부터 아시아 토테미즘 신앙의 중심이 되어 왔다. 아시아의 많은 국가에서는 호랑이에 대한 공포와 경외가 반드시 존재한다. 그래서 상서롭고 잡귀나 나쁜 기운을 물리치는 존재로 인식하여 예로부터 집 안에 호랑이 그림을 걸어두기도 했다.

호랑이는 '동물의 왕'답게 생김새나 생태가 카리스마가 있어 보이고, 그 강함 역시 무시무시한 수준이다. 수컷 이마에만 있는 왕(王)자만 보아도 알 수 있다. 호랑이는 동물과 천하를 호령하는 영물로 권위, 명예 등을 상징하며 진보, 독립, 모험, 투쟁 등의 속성을 가지고 있기에 국가나 집단이나 학교 등에서 호랑이를 그들의 상징의 동물로 사용하기도 한다.

호랑이는 마스코트로 많이 쓰이고, 스포츠팀 이름에도 사자, 독수리와 함께 자주 쓰인다. 세계 여러 나라에서 호랑이를 대학의 마스코트로 이용하는데 특히 미국의 대학 46개가 호랑이를 자기 학교의 마스코트로 사용하고 있다. 물론 우리나라도 예외는 아니다. 대학은 물론 프로 야구팀이나 단체에서 호랑이의 이름을 딴 팀도 있다.

우리나라 한반도의 땅 모양을 호랑이의 모양으로 말하기도 하고, 최초로 우리나라에서 열렸던 올림픽의 마스코트도 호돌이, 즉 호랑이였다. 또한 거슬러 올라가 보면 단군신화나 수많은 전래동화에도 호랑이가 등장한다.

호랑이는 종종 사자와 비교하기도 한다. 조금만 설명하자면 호랑이는 단독 생활을 주로 하는데, 혹 2~3마리 정도의 소수가 무리를 이루기도 하지만 사냥 활동은 독립적으로 한다고 한다. 이처럼 홀로 생활하면서도 왕좌를 지킬 수 있는 것은 호랑이가 사자보다 똑똑하기 때문이라고 한다. 반면에 사자는 홀로 생활하지 않고 힘을 합쳐 무리를 이루어 생활하므로 백수의 왕으로 군림하는 것이라고 한다.

울음소리도 사자와 호랑이는 비슷하면서도 차이가 있는데 호랑이의 소리는 사자 소리보다 더 날카롭고 성깔 있게 들린다고 한다. 호랑이는 동족에 대한 애착이 크기 때문에 영역 표시나 다른 개체들과의 소통을 특이한 그 울음소리로 한다고 한다. 사자는 물을 싫어하지만, 호랑이는 수영을 엄청나게 잘하는데 일부러 물속에서 물놀이를 즐길 정도라고 한다.

이 외에도 호랑이에 관한 이야기는 생각밖에 많다. 호랑이에 대한 기원, 호랑이의 특징, 호랑이와 연관된 속담, 고사성어, 혹은 설화 등 많지만, 지금은 "호랑이는 죽어 가죽을 남기고 사람은 죽어 이름을 남긴다"라는 말에서 교훈을 얻고 싶다.

'호사유피 인사유명(虎死遺皮 人死遺名)'이라는 고사성어는 모르는 사람이 없을 정도로 유명한 말이다. 이 말처럼 호랑이는 가죽을 남기지만 우리는 사람이니까 이 땅에 이름을 남겨야 한다. 조선 시대 기준으로 호랑이 가죽 한 마리 분량이 대궐 한 채의 가격으로 대체 통용화폐 중에서 최고 수준이었다고 하니 그 가치는 대단한 것이었다.

우리도 이왕 남길 이름이라면 악한 사람, 없었어야 할 사람으로 이름을 남기기보다는 남에게 유익한 사람, 어느 면으로나 공적을 남긴 가치 있는 이름으로, 호랑이 가죽의 가치보다 더 가치 있는 이름으로 남겨야 하지 않을까? 특별히 이 호랑이해에 인간에게 유익한 가죽을 남기는 호랑이처럼 어디서나 필요한 사람으로 살아가도록 노력해야 함을 느낀다.

아무도 찾지 않는 깊은 산골에 피어 있는 이름 없는 풀도 생을 마치면 거름이 되어 다른 식물 성장에 도움을 준다는데 하물며 만물의 영장으로, 아니 하나님의 형상으로 지음받은 우리는 하나님이 기뻐하시게 살다가 하나님께로 돌아가야 한다.

하나님께서 이 땅에서 무엇 하다가 왔느냐고 물으실 때 하나님의 영광을 위하여 열심히, 성실히 믿음으로 살다 왔다고 할 수 있다면 이 땅에 남겨진 이름 또한 멋있게 남을 것이다. 어떠한 어려운 일이 닥쳐도 호랑이의 기백과 믿음으로 승리하는 2022년이 되었으면 좋겠다.

놀랍기도 하고 흥미 있는 최근의 호랑이 이야기를 소개하고 글을 맺으려 한다.

2020년 4월 5일, 미국 뉴욕시 브롱크스 동물원에 있는 호랑이가 어디서 감염되었는지 모르게 '코로나19 확진 판정'을 세계 최초로 받았다고 하니 놀랍기도 하고 우습기도 하고 두렵기도 하다. 동물의 왕 호랑이도 코로나 바이러스에는 어쩔 수 없었나 보다.

[20220107]

어항 속 물고기를 보며

우리 집에는 아주 작은 수족관이 있다. 수족관이라 하기에 너무 작아 그냥 어항이라고 말함이 더 맞을 듯하다. 그 어항 안에는 자그마한 열대어 몇 마리가 살고 있다.

남편의 은퇴를 앞두고 우울감에 힘든 내 모습을 본 한 권사님이 집안에 살아있는 생물이 있으면 삶에 기운이 난다고 하면서 요즘 말하는 반려동물인 강아지를 기르면 어떻겠냐고 했다. 강아지는 별로 좋아하지 않아 기를 자신이 없다고 말했더니 자기 집에서 기르고 있는 열대어 몇 마리를 가져다주었다. 그 권사님 말처럼 정말 집안에 살아 움직이는 생물이 작은 위안이 되기도 했다.

대체로 낮에는 혼자 있을 때가 많은 탓도 있겠지만 작은 물고기가 씩씩하게 물속에서 노는 모습에 눈길이 자주 갔다. 그리고 날마다 먹이를 주며 관심을 가지다 보니 쏠쏠한 재미가 났다.

이렇게 나는 작은 어항에 관심을 가지며 시간이 되는대로 어항 속 물고기의 노는 모습에 시간을 보냈다. 생명 있는 물고기들이 움직이며 노는 모습은 나에게 즐거움을 선사하기에 안성맞춤이었다.

게다가 얼마간의 시간이 지나자, 물고기가 새끼를 낳는 것이 아닌가? 그것은 아기 손톱 깎아놓은 것보다 더 작아서 집중하여 자세히 들여다봐야만 알아볼 수 있었다. 시간이 갈수록 물고기의 숫자는 늘어만 갔다. 그래서 아는 목사님께 몇 마리 드릴 수도 있었다.

이렇게 작고 보잘것없어 보이는 미물이지만 기르는 데 정성이 필요했다. 물고기가 놀 수 있는 최대한의 좋은 환경을 만들어 주어야 한다. 물이 탁해지면 새 물로 갈아주어야 하고, 먹이도 때에 맞추어 알맞은 양으로 정성껏 주어야 한다. 생명체이니 병이 날 수도 있기에 물고기의 색이 달라지거나, 몸의 모양이 변형된 것은 없는지 때때로 살펴봐야 한다.

또 태어난 신생아 물고기는 신생아 어항으로 옮겨 놓았다가 자란 후에 다른 물고기와 합류해야 한다. 그 이유는 신생아 물고기를 다 자란 물고기가 자기들의 먹이인 줄 아는지 잡아먹기 때문이다. 그렇기에 태어나자마자 가장 빨리 그 새끼 물고기를 따로 격리하는 작업을 해야 한다.

그런데 문제는 이 새끼 물고기 잡는 것이 그리 만만치 않다. 새끼 물고기는 나에게 잡히지 않으려고 얼마나 요리조리 잘 빠져나가는지 한 마리 잡으려면 내 둔한 운동신경으로는 오랜 시간을 소비해야만 한다.

또한 새 생명을 살리기 위해서는 임신한 것으로 보이는 물고기 역시 잡아서 그야말로 물고기 분만실로 격리해야 한다. 그래야 낳은 새끼의 생명을 지킬 수 있기 때문이다.

이렇게 내가 자신들의 삶을 위해 애쓰는 것도 모른 채, 무조건 나에게 잡히지 않으려고 물고기들은 요리조리 잘도 빠져나간다. 한참을 씨름하다 보면 지쳐서 포기하게 된다. 몸에서는 땀이 흐른다. 그러나 포기는 잠깐이고 잠시 후에 신경이 쓰여 다시 시도한다. 그렇게 하다가 어느 정도 성공하고 나면 안도의 숨을 쉬게 된다.

물고기 생각으로는 내가 자기를 해칠까 하는 염려로 인해 도망하는 것일 것이다. 자신은 물론 새끼들의 생명을 보호하기 위해 수고하는 것인데 물고기들은 그것을 모르고 무조건 잡히지 않으려고 사력을 다해 도망간다. 그리고 수고하는 나를 향해 '왜 나를 이렇게 힘들게 할까?'라며 자기 나름의 짜증과 함께 항의하고 있는지도 모른다.

자기들을 살게 해 주려는 것도 모르고 도망가는 이 물고기와 우리 인간이 무엇이 다를까?

우리 주님도 우리를 위해 때로는 훈련도 시키시고, 또 더 좋은 것으로 주시기 위해 고난도 주신다. 그러나 우리는 그것을 알지 못한다. 당장은 힘들어도 주님이 나에게 주시는 훈련과 훗날을 위한 사랑의 조치인 것을 모르고 불평과 한탄과 심지어는 원망하며 대들기까지 하지 않았던가? 가만 생각해 보니 그렇게 미련하게 보이기만 했던 물고기가 바로 나였다. 물고기 앞에 부끄러운 생각이 들었다.

만물의 영장으로 주님의 형상을 닮은 우리 인간이 한낱 미물인 이 작은 물고기와 다를 바 없음이 물고기를 관리할 때마다 깨닫게 되고 반성하게 된다.

조금만 힘들면 원망하기 잘하는 근성을 버리고 당장엔 힘들고 싫어도 하나님의 깊으신 뜻을 좁은 내 머리로 이해 못 하나 인내와 믿음으로 참고 나가야 함을 느낀다.

내가 아무리 물고기에게 잘해 준들 하나님께서 우리 인간을 사랑으로 돌보시고 섭리하시는 것과 비교할 수 있을까? 어림도 없는 이야기다.

독생자 아들 예수님을 우리의 죄 때문에 세상에 보내사 십자가에서 죽게 하신 것만 생각해 봐도 조금은 알 수 있는 일인 것을… 미련하여 깨닫지 못했던 것이 물고기를 통해 깨닫고 나니 미물에게서라도 배우게 하시는 주님의 마음이 생각나 감사의 눈물이 흐른다.

물고기를 관리하면서 덤으로 받은 큰 교훈의 깨달음을 내 삶에 적용하여야 함을 새삼 느낀다.

[20240703]

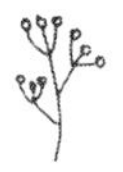

코 깨질 뻔했네

이런 말이 있다. 음식점이나 카페에 남녀가 함께 들어왔을 때 그들의 자세를 보면 그들이 부부인지, 부부가 아닌지를 알 수 있다고 한다. 음식점에 들어올 때 남자가 문을 열어주고 여자가 먼저 들어오면 부부가 아니요, 남자가 문 열고 먼저 들어오고 여자가 뒤따라 들어오면 부부라고 한다. 또 자리에 앉을 때도 남자가 방석을 가져다주고, 코트 벗는 것을 도와주면 부부가 아니고, 남자가 앉기에 급급하여 먼저 앉으면 부부의 관계라고 한다.

한 마디로 친절하고 자상하게 여자를 배려해 주면 부부가 아닌 소위 말하는 내연 관계이고, 남남처럼 들어와 한자리에 앉으면 부부라는 말이다.

아내에게 마땅히 할 것을 하지 못하고 다른 여자에게 더 잘 베푸는 이 모습은 반대로 되어야 함이 마땅하건만 그렇지 않으니 씁쓸하기만 하다.

이 말이 얼마나 신빙성이 있는지 이 말을 듣고 나서 난 음식점엘 가면 관심을 두고 마음으론 이 말이 빗나가기를 바라면서 남녀가 들어오는 모습부터 살펴보곤 했다. 아니, 다른 사람들을 조사해 보기보다 우리 부부의 모습을 먼저 보기로 했다. 우리는 분명히 부부지만 세상 사람들이 말하는 내연 관계의 모습이 보이기를 기대했다.

그런데 그보다 내 마음에 먼저 드는 생각이 있었다. 음식점에 들어오는 순간부터가 아니라 음식점으로 가는 동기부터도 차이가 있다. 그것은 '함께' 가는 것과 '따라가는 것'의 차이다. '함께'는 동등한 입장에서 즐기며 가는 것이다. 그러나 '따라가는 것'은 주종의 의미가 있다.

어느 부부나 결혼 전에는 대체로 '함께'했을 것이다. 그러나 결혼과 동시에 함께는 사라지고 '따라가는' 때가 더 많지 않았을까? 여럿이 만나 식사할 때, 부부는 나란히 앉아 있으나 음식을 먹기 위해 온 사람인 양 대화 속에 끼지 못하여 말 한 마디 못하고 그저 조용히 먹는 데에만 집중할 수밖에 없는 상황일 때도 있을 것이다. 그렇게 되면 화도 나고 또 스스로 초라해지는 마음이 들어 도대체 나는 무엇인가라는 생각이 든다고 한다. 무엇 때문에 데리고(같이) 와서 고독을 경험하게 하는지 분노가 치밀 수도 있을 것이다.

그럴 때, 아내 혼자 먹게 하는 것이 미안하여 아내에 대한 배려로 함께 왔는데 왜 그러느냐고 도리어 화를 낸다면 그것은 많은 사람 앞에서 혼자 먹는 것이 더 쓸쓸할 수 있다는 사실을 생각해보지 않고 그저 물리적인 환경만을 생각하는 하나는 알고 둘은 모르는 처사다. 정말 자기중심적인 표현 외에 아무것도 아니다.

어차피 집에서 혼자 먹든, 많은 사람 앞에서 혼자 먹든 혼자는 마찬가지지만 신경 쓸 것 없이 혼자 집에서 먹는 편이 더 자유스러울지도 모른다. 혼자 있는 것보다 군중 속에서의 고독이 더 큼을 알아야 한다. 이것은 회식의 경우이고, 부부가 둘만 외식할 때도 별로 다르지 않음을 경험한다고 한다.

이런 일을 겪은 적이 있었다. 언젠가 음식점에 함께 갔을 때 일이다. 그날도 남편은 자기 혼자 먼저 식당 문으로 들어갔다. 나는 빨리 따라 들어가려다가 닫히는 문에 코를 찧고 말았다. 물론 남편은 먼저 들어가 자리를 잡아놓으려는 기특한 생각으로 그리하였음을 모르는 바 아니지만, 뒤따라오는 사람에 대한 아무런 배려도, 신경도, 관심도 없었던 것이다. 그리고 나니 식욕마저 멀리 도망가고 말았다.

그런데 이런 일을 겪은 여인이 나만이 아니었다. 내가 코 깨질 뻔한 일을 겪은 후, 여러 사람에게 물어보았다. 그랬더니 많은 여인들이 자기도 겪었다고 말하는 것이었다. 아니 여러 번 겪었다고 말하는 여인들도 있었다. 아니, 코 깨질 뻔한 경험만이 아니고 발이 문에 걸려 넘어질 뻔한 경험도 있었다는 것이다. 이러한 일은 많은 여인이 보편적으로 경험하는, 빈번히 일어나는 일이라는 것을 알았다.

비단 음식점뿐만 아니라 어느 건물을 들어가든지 남편이 먼저 들어가면서 뒤따라오는 아내에게 아무런 신경을 쓰지 않는 무신경의 남편이 많은 사회가 우리 사회인 것 같다. 만일 남편에게 이런 일을 말하면 꽤 시시콜콜 복잡하게 군다고 핀잔받기 쉬울 뿐 자신의 그런 행동에 대해 생각해 보려 하지 않는 것이 우리네 남편들이다. 아파트 현관에서도, 공공건물 현관에서도, 심지어는 엘리베이터 탈 때도 자신만 먼저 타고… 어디서든 코가 깨질 뻔한 경험을 한 여인이 너무 많음이 문제다.

또 늙어서는 어떠한가? 부부가 함께 나란히 걸어가는 모습은 참 아름답다. 그런데 한국 남편은 자기는 먼저 가고 아내는 뒤를 졸졸 따라가는 부부가 대다수다. 한참을 먼저 가다가 뒤를 돌아보며 빨리 오라고 하며 기다리는 남편은 그나마 나은 편이다. 어떤 부부는 남편이 먼저 가서 버스를 탔는데 아내가 타기도 전에 차가 먼저 떠나서 한참을 서로 찾아 헤매었다는 말을 들은 적이 있다. 나는 이러한 모습이 너무도 싫기에 도리어 부부처럼 보이지 않으려고 홀로 가는 것처럼 더 천천히 걸을 때도 있다.

사실, 같이 나갔다면 같이 걸어야 옳은 것이다. '같이' 나갔으나 '따라가는' 걸음은 그리 아름답지 않다. 조금만 신경을 쓰고, 조금만 천천히 걸어간다면 부부의 모습이 멋져 보일 뿐만 아니라 행복하지 않을까?

가장 아끼고 존중해야 하는 자기 아내에 대해 무신경한 남편들이 너무 많은 것 같다. 물론 이렇게 말하면 항의할 남편이 있을 것이다. 그러나 이러한 현상은 요즘에 젊은 남자들에게서는 드문 현상이고 기성세대 남자들에게 대체로 있는 현상이다. 얼마나 다행인지 모른다.

아무튼 기성세대의 남자들은 가부장적인 환경에서 자라고 배운 탓도 있겠지만, 그런 매너가 부족한 것은 사실이다. 그러면서도 그들은 아무 관계도 아닌 모르는 여자에 대해서는 도리어 친절하다. 무엇이 우선되어야 하는지를 모르는 한국 남자들. 그러면서도 대접받기를 바라는 이기적인 사람들이 너무 많은 것이 현실이다. 얼마나 많은 아내들이 코 깨질 뻔한 경험을 더해야 할지 마음이 씁쓸하다. 그러다 정말 코가 깨진다면…

올해에도 소위 말하는 가정의 달이 왔다. 가정의 달에는 가정과 관계되는 이름의 날이 많은데 그중에는 부부의 날도 있다. 가끔 이런 말을 듣는다. '안 고쳐져. 그냥 그러려니 하고 이대로 살다 가'라고 말한다. 그러나 몇 번만 신경 쓰고 결심하고 행동한다면 고쳐질 것이다. 결국 마음먹기에 달린 것 같다. 노력하기 싫고, 노력하지 않으면서 그냥 자기 버릇 탓만 하지 않았으면 좋겠다.

아무리 체벌을 무섭게 하는 선생님이 있어도 내가 잘못하지 않았으면 두렵거나 무서울 필요가 없다. 무서워하는 아이는 잘못한 아이이다. 마찬가지로 이런 글을 읽으면 괜스레 신경이 쓰이거나 이런 글이 싫어진다면 글을 탓하기 전에 자신을 먼저 돌아보면 좋겠다. 모든 남편이 이런 글과는 무관해져서 이런 글을 쓸 필요가 없기를 바라면서 펜을 놓는다.

[20240505]

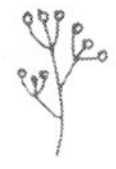

물도 먹고 세수도 하고

새해가 밝았다. 어찌 살았든지 시간은 어김없이 같은 속도로 흘러갔다. 그리고 남녀노소 빈부귀천을 막론하고 세상을 살아가는 사람이라면 아주아주 공평하게 주어진 백지와도 같은 365일이라는 시간의 선물을 하나님으로부터 새롭게 받았다.

새해를 맞을 때면 누구나 지난해에 있었던 불미스러운 사고나 힘든 일은 과거로 다 묻어두고 새롭게 시작할 것을 다짐한다. 새해는 정말 글자 그대로 새롭게 시작하여 모든 것에 희망의 싹을 심고 잘 키워 가을에는 큰 열매가 맺혔으면 좋겠다. 비록 지난해에 오시지 않은 주님이시지만 한 발 더 가까이 오셨음을 인식하면서 주님 만날 준비 또한 더 열심히, 더 성실히 할 것도 아울러 다짐한다.

지난해가 호랑이(寅)해였으니 올해는 토끼(卯)해라는 것은 누구나 다 아는 사실이다. 그렇게도 무섭고 커다란 동물의 왕인 호랑이해가 가고 반대로 작고 귀여운 토끼해가 밝았다.

해마다 새해가 되면 그해를 상징으로 하는 우리나라 전통적인 동물을 생각해 보았기에 올해도 어김없이 토끼에 대해 지식도 가질 겸, 본받을 특성이 있는지 살펴봄으로 재미는 물론 유익을 더하고 싶은 마음이다.

그러니까 작년에는 우리 집안에 호랑이 한 마리가 생겼다. 그것도 암컷 호랑이다. 바로 호랑이띠의 손녀가 태어난 것이다. 손녀 바보가 된 나는 호랑이인 나의 손녀를 안기도 하고 뽀뽀도 하며 마음껏 즐긴다. 그 무서운 호랑이를 말이다. 그런데 집안에서 가장 여리고, 힘없는 손녀는 호랑이해에 태어난 데 반해 근 반세기 동안 내게 대장으로 존재해온 남편은 귀엽고 토실토실한 토끼해에 태어났다. 그러고 보면 토끼와 호랑이는 서로 얽힌 이야기나 민화가 참 많은 것도 놀랍고 재미있는 일이다.

시작할 때는 큰 포부로 시작했으나 그 생각과는 다르게 초라하고 엉뚱한 결과를 가져올 때 우리는 "호랑이를 잡으려다가 토끼를 잡는다"라고 한다. 여기서도 호랑이와 토끼가 등장한다. 또 뛰어난 사람이 없는 곳에 보잘것없는 사람이 득세함을 말하는 "호랑이 없는 골에 토끼가 왕 노릇한다"라든가 "호랑이 없는 동산에 토끼가 선생 노릇한다"라는 속담 속에도 호랑이와 토끼가 함께 등장하는 것을 보면 호랑이와 토끼는 우리 민족에게 떼려야 뗄 수 없는 동물인 것만 같다. 그림 속에서도 마찬가지로 호랑이와 토끼가 함께 있는 민화 '이묘봉인도(二卯奉寅圖)'가 있다.

무엇보다도 우리나라의 모양을 말할라치면 혹자는 민족의 기상을 상징하는 호랑이로, 혹자는 지혜롭고 평화를 사랑하는 민족성을 나타내는 토끼로 우리나라 모습을 묘사하기도 한다. 아무튼 이제 호랑이해는 갔고 토끼해가 밝았으니 토끼에 대해 조금 살펴보고 싶다.

'토끼!' 하면 약삭빠르고 꾀 많고 귀여운 동물이라는 생각이 가장 먼저 떠오른다. 또한 토끼는 많은 동물 중에서 혐오감이 거의 없는 동물이다. 비교적 인간에게 귀여움을 받는 동물이기에 우리 주변에서 그 모습을 찾아보기는 아주 쉽다.

토끼는 작고 온순한 동물이다. "토끼 꼬리만 하다"라는 말이 있는데 이는 토기 꼬리가 아주 짧은 데서 기인한 것으로 겁이 많고 나약한 사람을 말할 때 쓰는 말이다. 가령 "놀란 토끼 뛰듯 한다"라는 말을 봐도 알 수 있다. 토끼는 식성이 좋아 기르기 쉽지만, 포식자들에 의한 사냥감의 대상이 되기에 항상 주위를 경계하고 민감한 모습을 보인다.

그런가 하면 토끼는 인간보다 10배 더 잘 들을 수 있다고 한다.

그 예로 토끼는 잠을 자다가도 정말 작은 소리에도 벌떡 일어나는데 '도망치다'를 속되게 이르는 '토끼다'라는 말도 토끼가 재빨리 달려가는 민첩한 모습에서 생긴 말이다. 또한 토끼잠이라는 말이 있는데 토끼처럼 깊이 잠들지 못하고 아무 데서나 잠시 눈을 붙이는 것을 말한다.

우리 민화 〈토끼전〉에서 토끼가 지혜롭게 대처하여 도망 나온다는 내용을 보면 토끼는 종종 영리한 동물로 묘사되기도 한다. 그렇지만 사실 토끼는 천적인 야생동물에게 잡혀 큰 상처를 입고 간신히 도망치더라도 곧바로 그 사실을 잊어버리고 사건의 현장으로 돌아오는 습성이 있다고 한다.

토끼는 경계심이 많고 360도를 다 볼 수 있는 넓은 시야를 가지고 있어 한 곳만 보지 않고 여기저기 살피는 특성이 있는 반면에 호기심 또한 많아 훈련이 안 된 토끼는 주인 말도 안 듣고 제멋대로 하는 한눈팔기 대장이라고 한다.

토끼와 연관된 사자성어도 있는데 그중에 교토삼굴(狡兎三窟)이란 말은 '토끼가 위기 상황이 올까 봐 굴을 세 개 판다'는 뜻으로 토끼의 영리한 모습을 보여준다.

또 필요할 때는 쓰고 필요 없을 때는 버리는 경우를 이르는 말로 토끼가 죽으면 토끼를 잡던 사냥개도 필요 없게 되어 주인이 삶아 먹는다는 뜻의 토사구팽(兎死狗烹)은 모르는 사람이 없을 정도로 많이 쓰이는 말이다.

그런가 하면 토끼와 연관된 동요도 많다. “산토끼 토끼야 어디를 가느냐”라는 노래는 어린아이로부터 연로하신 노인에 이르기까지 모르는 사람이 없을 정도로 많이 불린다. 그 외에도 “토끼야 토끼야 산속에 토끼야”라는 노래도 생각난다.

그뿐 아니라 토끼가 주인공으로 등장하는 동화도 많다. 특히 토끼는 우리 민족의 설화 속에 많이 등장한다. 예를 들어보면, 달 속에서 토끼가 절구를 찧는다고 한다. 마치 토끼가 달의 정령과도 같은 상징성으로 민속신앙을 보여준다. 우리가 많이 아는 동요 〈은하수〉의 “계수나무 한 나무 토끼 한 마리” 가사를 보면 그것을 더 잘 알 수 있다.

그리고 어린이라면, 아니 한국인이라면 모르는 사람이 없는 토끼와 거북이 경주 이야기가 있다. 여기에서 약삭빠른 토끼는 자신을 믿고 자신만 보다가 실패했다면, 거북이는 이길 가능성이 1%도 없는 경기였지만 푯대를 향하여 쉼 없이 달려 토끼를 이겼다. 이처럼 우리도 저 하늘의 푯대를 향하여 열심히 살 것과 연초에 계획하고 목적했던 것은 이루지 못하고 엉뚱한 것을 이루는 일이 없도록 목표를 잊지 않아야겠다.

토끼해인 2023년에는 동요 〈옹달샘〉의 토끼처럼 세수하러 갔다가 물만 먹고 오는 토끼가 되지 말고 물도 먹고 세수도 하고 오는 일거양득의 해가 되면 좋겠다.

[20230101]

자랑하지 않으면 못 사는 인간

세간에 돌고 있는 자랑에 대한 재미있는 이야기가 있다.

한 유치원에서 아이 셋이 자랑을 하고 있었다. 첫 번째 아이가 "우리 엄마 요즘 수영 배우는데 잠수를 30초나 한다"라고 말하자, 두 번째 아이는 "우리 할머니는 해녀라서 50초나 잠수한다. 엄청나게 오래 하지?"라고 말했다. 그러자 세 번째 아이는 "우리 삼촌은 작년에 물에 들어가서 아직 안 나왔다"라고 말했다고 한다.

이처럼 인간은 자랑하고 싶어 하는 존재다. 아니, 자랑하지 않으면 못 사는 것이 인간인지도 모른다. 재능 자랑, 자식 자랑, 부모 자랑, 학벌 자랑, 미모 자랑, 돈 자랑, 지혜 자랑 등 명사 뒤에 자랑이라는 단어를 붙이다 보면 셀 수 없을 만큼 많은 자랑거리가 생긴다.

나 역시도 요즘 흉 될 정도로 자랑을 하고 있다. 그것도 많은 사람이 다 공감하고 인정하는 '손녀 바보'가 되어 시도 없이 때도 없이 손녀 자랑을 하고 있다.

'자랑'이라는 단어를 사전에서 찾아보면 '자기와 관계있는 것을 남에게 드러내어 뽐냄'이라고 되어 있다. 자랑은 자기와 관계되는 것 중에 남보다 뛰어난 것을 알리는 것인데 얼마나 자랑하고 싶으면 잘하는 것은 물론 못 하는 것도 자랑하는 세상이다. 이만큼 남에게서 튀고 싶고 뽐내고 싶은 동물이 인간이다. 자랑을 하다 하다 할 것이 없으면 자랑할 것이 없다고 자랑하기도 한다고 하니 인간이 얼마나 자기를 나타내고 싶어 하는지 알 것 같다.

그런데 진정으로 행복한 사람은 자기 자랑이 없다는 말도 있다. 이것은 마치 꿀에 취한 나비처럼 복되고 보람된 현재의 삶을 음미하느라 전혀 다른 생각이 없기 때문이라는 것이다.

이 세상에 자랑거리가 전혀 없는 사람은 없다. 만일 자랑이 전혀 없다면 그 사람은 자기 삶이 없는 사람일지도 모른다. 왜냐하면 자랑은 곧 자기 긍정의 표현이기 때문이다.

대체로 우리는 자랑하기는 좋아하면서도 남의 자랑을 들으려 하지 않는다. 자기 자랑을 천연덕스럽게 아무렇지도 않게 잘하는 사람이 있는가 하면, 자기 자랑을 하기에 쑥스러워 잘하지 못하는 사람이 있다.

적극적이고 외향적인 사람은 비교적 자기를 자연스럽게 잘 나타낸다. 그렇게 자기를 나타내다 보면 자신은 아니라고 해도 그 내용은 결국 자랑이 되고 만다. 또한 자랑은 자신감이 넘치는 사람이 주로 한다. 자신도 모르는 사이에 과장되고, 자신이 원하는 바를 사실과 다르게 말하기도 한다.

반면에 말하는 자의 말을 듣는 사람은 들은 말을 깎아내리기도 한다. 그리고는 잘난 척하는 것으로 여기며 비난하기도 한다. 이처럼 자랑할 때 듣는 사람이 모두 똑같은 느낌을 가질 수 없고 또 사람마다 느끼는 감정은 각기 다르기에 말하는 사람은 신중하게 해야 할 필요가 있다.

IT산업이 극에 다다른 현시대를 가리켜 '자기PR시대'라는 말을 종종 한다. 인터넷에 들어가 보면 자신을 알리는 앱이 수도 없이 많이 있음을 보게 된다. 스마트폰만 봐도 알 수 있듯이 자기 자신에 대한 수많은 사진과 있었던 일을 공개하는데 사진을 보면 미운 사람이 없다. 그것은 자신이 보기에 잘 나온 사진만 올리든가 아니면 보정 하는 앱과 프로그램을 이용하여 멋있게 만들어 공개하기 때문이다.

사진과 더불어 쓴 글을 보면 거의 가 다 자랑하고 싶은 이야기만 적어 놓았다. 기분 나쁜 이야기나 흉이 될 이야기를 적어 놓은 사람은 거의 없다.

수많은 자랑 중에 하지 말아야 할 자랑이 있다고 한다. 그것은 돈 자랑, 자식 자랑, 건강 자랑이라고 한다. 이 세 가지는 모두 다 언제 어떻게 변할지 모르기 때문이고 또 이것이 없는 사람에게 상대적 박탈감을 줄 것이기에 그렇다고 한다.

그런데 의사인 윤방부 교수는 그의 저서 〈건강한 인생, 성공한 인생〉에서 아내 자랑, 자식 자랑은 바보들이나 하는 짓이라고들 하지만, 그렇지 않다고 말한다.

"세상에서 제일 가까운 사람인 아내와 자식을 늘 자랑할 수 있는 사람이라면 그는 정말 행복한 사람이다. 그리고 나의 아내는 정말 자랑할 게 많은 사람이다."

우리나라에는 아내나 자식을 자랑하는 것은 팔불출이나 하는 것이라는 말이 있다. 그러나 윤 교수의 말처럼 진정으로 아내나 자식을 자랑할 수 있다면 그는 행복한 사람이다.

자랑은 양면성이 있다. 부정적으로는 시기나 질투의 원인이 되어 인간관계에 좋지 않은 영향을 끼칠 수 있는 반면에 긍정적으로는 자랑을 듣는 사람은 동기부여가 되기도 하고, 자랑하는 사람의 자존감도 올리게 되는 장점도 있다.

그렇기에 가까운 사람이 하는 자랑을 긍정적이고 너그러운 마음으로 들어 줄 아량도 필요하다. 그리고 그 자랑을 자랑으로만 볼 것이 아니라 그 자랑 속에 있는 사실도 인정하고 그 속에서 취할 것만 취하면 된다. 남의 자랑 내용을 본받아 실천하여 변화된다면 이보다 더 큰 유익은 없다.

그렇다면 성경은 자랑에 대해 어떻게 말하는지 살펴보고 싶다. 자랑에 대해 성경은 무조건 자랑은 나쁜 것, 해서는 안 되는 것으로 말하지 않고 해야 할 자랑과 해서는 안 될 자랑에 대해 말하고 있다. 자랑해야 할 것은, 주님의 거룩한 이름(시 105:3, 대상 16:10)과 자신의 약함(고후 11:30)과 십자가(갈 6:14)라고 말씀하면서 그 외 것들은 자랑하지 말라고 기록하고 있다.

하나님께서는 예레미야 선지자에게 말씀하시기를 "지혜로운 자는 그의 지혜를, 용사는 그의 용맹을, 부자는 그의 부함을 자랑하지 말라"(렘9 :23)고 하셨다. 잠언 기자는 잠언 27:1에서 말하기를 "내일 일을 자랑하지 말라"고 하면서 그 이유는 하루 동안에 무슨 일이 일어날는지 우리가 알 수 없기 때문이라고 했다.

바울은 우리가 행위로 구원받았다면 자랑할 것이 있지만 믿음으로 구원받았으므로 십자가 외에는 자랑할 것이 없다(갈 6:14)

고 했다. 부득불 자랑한다면 약한 것을 자랑한다(고후 11:30)고 하면서 자랑하는 자는 주 안에서 자랑하라(고전 1:31, 고후 10:17)고 했다. 그리고는 그리스도의 날에 자랑할 것이 있게 하겠다(빌 2:16)고 말했다.

이 세상에 자랑할 것이 하나도 없는 사람은 없다. 단지 자랑하는 사람과 하지 않는 사람만 있을 뿐이다. 그러니 내 자랑은 조금만 하고, 남의 자랑을 잘 들어서 내게 유익이 된다면 이보다 유익한 일은 없을 것이다. 바울처럼 그리스도의 날에 자랑할 것이 있도록 노력해야겠다.

[20221002]

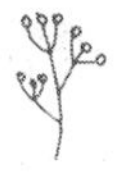

교과서형인 인간, 참고서형인 인간

내 딸이 초등학교 1학년에 입학한 후, 담임선생님을 만나서 대화하던 중 선생님은 내 딸에 대한 첫 소감을 이렇게 말했다.

자신이 맡은 교실에 들어와 막무가내로 떠드는 아이들을 향해 '열중쉬어'할 것을 명령했다고 한다. 그리고 잠시 후, 자신이 다시 교실에 들어왔을 때는 아까와 똑같이 아이들이 흐트러진 상태가 되었는데, 그 속에서 갑자기 한 아이가 눈에 들어왔다고 한다.

맨 뒤에 앉은 한 여자아이가 처음에 명령한 대로 '열중쉬어'의 자세 그대로 앉아 있었다는 것이었다. 갑자기 전율이 느껴짐과 동시에 정신이 번쩍 들면서 마치 장학사가 들어와 있는 것 같은 생각이 들었다고 한다.

그렇게 융통성 없는 초등학교 1학년 아이가 다름 아닌 나의 딸이었다고 선생님은 내게 말했다. 선생님 눈에는 장학사로 생각될 만큼 선생님 말씀이라면 하나님 말씀이라도 되는 양 생각하는 절대적인 아이가 바로 나의 딸이다.

공교육 기관인 학교에서는 모든 수업을 교과서를 중심으로 진행한다. 반면에 학교 이외의 교육 기관이나 시설, 그리고 가정에서 공부할 때는 교과서보다는 참고서를 더 많이 활용한다. 그것은 참고서가 교과서의 내용을 좀 더 잘 이해하도록 설명되어 있어 학생들이 지식을 쉽게 습득할 수 있기 때문이다. 그렇기에 참고서를 교과서보다 더 많이 보게 되고 활용도가 높다. 참고서는 글자 그대로 오직 참고에만 필요한 것임에도 말이다.

그런데 아무리 좋은 참고서도 교과서의 내용을 습득하기 전에는 별로 도움이 되질 않는다. 집을 지을 때, 기초가 없으면 높은 빌딩을 지을 수 없는 것과 같은 이치다.

교과서는 그 과목의 기초이기 때문에 교과서의 내용을 어느 정도 습득한 사람만이 참고서의 혜택을 백분 받을 수 있다. 그리고 참고서는 자신의 실력 수준과 기호에 맞는 것을 선택해야 한다. 그러나 교과서는 보편타당하고, 일반적이어서 누구나 그것만 착실히 공부하면 응용하는 것들에 차이는 있을지언정 기초과정을 습득하는 데에 불편함은 없다.

상급학교에 우수한 성적으로 합격한 사람들에게 공부 잘한 비결을 말하라고 하면 천편일률적으로 교과서를 중심으로 열심히 공부했다고 말한다. 100% 사실은 아닐지라도 그렇게 말하는 것은 교과서는 필수이고 그것만으로도 충분하다는 것을 암시적으로 알리는 것일 것이다.

마찬가지로 사람에게도 교과서형인 인간이 있는가 하면 참고서형인 인간이 있다. 교과서형인 사람은 비교적 융통성이 없어 보인다. 그 과목에 맞는 여러 교과서의 내용이 크게 다르지 않듯이 삶의 모양도 그러하다. 그러나 참고서형인 사람은 융통성이 참으로 많은 것처럼 보인다. 그리고 실제로 융통성이 많다.

그렇지만 참고서형인 사람 중엔 그 기본이 안 되어 있는 사람들이 종종 있다. 교과서의 내용을 습득한 후, 교과서의 내용을 보지 않고 참고서를 보면 헷갈리게 되고, 개념 파악을 잘못하기 쉬운 것과 마찬가지다.

교과서의 내용을 파악한 후에 참고서를 보아야 참고서의 내용을 더 잘 알게 되는 것처럼, 참고서형인 사람은 아는 것이 많아 폭넓은 사람처럼 보이지만 기초 없는 건물 같을 때가 있다. 분명한 것은 교과서 없는 참고서는 존재하지 않는다는 사실이다.

교과서형으로 사는 사람과 참고서형으로 사는 사람과의 차이는 어쩌면 소극적이고 원칙에 강한 형의 사람과 적극적이고 자유분방한 사람으로 분류할 수 있을 것 같다. 그러나 실수는 참고서형인 사람에게 더 많을 수 있다. 교과서형인 사람은 정해진 틀 안에서 행복해하지만, 참고서형인 사람은 그 틀을 답답해한다. 그래서 폭넓은 사람으로 보인다. 그러나 유지해야 할 틀을 모르기 때문에 삶의 안정감이 없고 떠도는 생각이 많을 수 있다.

예를 들면 속옷을 입고 겉옷을 입어야 하는 것처럼 절차에 순응하는 사람이 교과서형인 사람이라면 참고서형인 사람은 그 반대다.

대체로 계획대로 이치에 맞게 생활하려는 쪽이 교과서형인 사람이라면 자유분방하고 규칙이나 규범 혹은 평범한 질서 따위는 우습게 여기기 쉬운 사람이 참고서형인 사람이다. 다시 말해 규율이나 테두리를 벗어나 제도를 싫어하여 제 좋은 대로 사는 사람이 이에 속한다.

참고서형인 사람의 생각에는 교과서형인 사람은 좁고 편협한 사람으로 보일 수 있고 또 실제로 좁고 편협할 수 있다. 참고서가 더 다양한 지식을 내포하고 있고, 한 과목에 여러 종류의 참고서가 있는 것처럼 참고서형인 사람의 눈에는 교과서형인 사람은 꿈도 없고 안주하는 사람으로 보일 수 있다. 교과서는 기본적이고 하나의 진리에 불과하므로 실제로 교과서형인 사람은 그럴 수밖에 없다.

이 땅은 교과서형인 사람과 참고서형인 사람이 공존하는 곳이다. 그런데 비교적 교과서형인 사람은 소극적인 데 반해 참고서형인 사람은 그야말로 참고서처럼 산다. 우리 부부를 보면 정말 교과서형인 사람과 참고서형인 사람을 잘 설명해 주는 모델도 없어 보인다.

나는 늘 스스로 내가 교과서형의 인간이라고 말한다. 참고서형인 내 남편이 교과서형인 내가 답답하기도 하겠지만 참고서형인 내 남편을 이해하는 것도 그리 만만하지는 않다.

교과서를 제대로 습득한 사람이 참고서를 보면 더 유익한 것처럼 인생에서도 교과서형인 사람은 짜진 규격에 맞게 막힌 듯 살지 말고, 융통성 있게 마음의 여유를 가지고 참고서형으로 살면 좋겠다. 반대로 참고서형인 사람들은 반드시 교과서를 우습게 여기지 말고 교과서의 과정을 습득한 후에 참고서형으로 산다면 참으로 아름다운 사회가 되지 않을까?

초등학교 1학년 때의 내 딸은 지금까지 교과서형으로 살아왔기에 늘 모범생 소리를 들어왔다. 할 일 많은 이 세상에서 이제는 좀 참고서형이 가미된 삶을 살기를 주문해 본다.

[20210803]

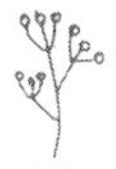

용두사미가 아닌 용두용미로

다사다난한 2023년을 무사히 보내게 하시고 24년 새해를 우리에게 허락하신 하나님께 감사드린다. 그리고 이 글을 읽는 독자들에게 새해 인사를 드리면서 새해 첫 글을 쓴다.

나는 새해를 맞을 때마다 동물을 소재로 하여 글을 썼다. 그 동물은 바로 동양적 세계관의 하나로 12간지에서 말하는 그 해의 동물이다. 그렇게 하는 나에게 하나님을 믿는 성도가 마치 미신적인 것을 도입한다고 이상스레 생각할지도 모른다. 그러나 성경에는 하찮은 미물인 개미에게서도 배우라고 하신 것을 보면 비록 동물이지만 우리가 배울 점이 분명히 있을 것이니 새해를 맞을 때 이왕이면 12간지의 동물을 택하여 생각해 보는 것은 재미도 있지만 유익할 것이라는 생각이 들었다.

12간지를 미신이라고만 생각했다. 그런데 옛 어른에게 듣고 보니 동화같이 아주 재미있는 내용의 이야기가 있다.

12종류의 동물이 달리기 시합을 하였는데 골인 지점에 들어온 순서대로 순번을 정했다고 한다. 그런데 소가 가장 먼저 들어왔으나 쥐가 소등에 얹혀 있다가 먼저 뛰어내려 쥐가 1번이 되었다는 것이다. 그래서 12간지 중에 제1번이 쥐(子)고 그 다음이 소(丑)로 이어지는 것이었다.

민간 이야기로 전해오는 이야기지만 재치가 있고, 때로는 지혜와 위트까지 넘치는 것을 느낄 수 있다. 이러한 이야기들이 종교적인 의미가 아닌 토속이야기로만 존재하면 좋겠다.

지구상에 존재하는 동물 중에 한 번도 실제로 본 적이 없는 동물이 있다. 그것은 머릿속에 그려지는 거대한 몸집의 동물인 용(龍)으로 불리는 동물이다.

지구 위에 존재하는 동물은 수도 없이 많은데 용이라는 존재하지도 않는 상상의 동물을 왜 만들어 냈을까? 아무래도 인간의 욕망과 소원을 이루기 위한 그 무엇이 필요했기에 실제로 존재할 수 없는 동물을 가상으로 만들어 낸 것은 아닌가 생각한다. 한 마디로 자연현상과 인간이 바라는 소망의 마음을 섞어 만들어 낸 상상의 동물이다.

그렇기에 다른 동물과는 다르게 풍운을 부리고 생각이 존재하는 인간보다 고등한 동물로 만들어 낸듯하다. 아니 영물로 등장시킨 것이다. 용은 여러 동물의 특징적인 무기와 기능을 골고루 갖춘 것으로 믿어져 왔다. 그래서 웅비와 비상, 희망의 상징 동물인 동시에 지상 최대의 권위를 상징하는 동물로도 숭배됐다.

그 기원을 살펴보면 고대 이집트, 바빌로니아, 인도, 중국 등 문명의 발상지 어디에서나 용이 등장한다. 성경 계시록에도 용이라는 단어가 많이 쓰였고 나아가 신화나 전설의 중요한 제재로 사용했다. 그렇게 인간의 소망을 상상 속에 담아 인간이 추상적으로 만든 용은 동양 문화권에서 각별한 존재다.

우리나라 많은 고대 문헌에 보면 용은 태평성대, 성인의 탄생, 군주의 승하, 큰 인물의 죽음, 농사의 풍흉, 군사의 동태, 민심의 흉흉 등 거국적인 큰일의 기록들에 반드시 등장한다.

용이 실제의 동물이 아니라는 것은 누구나 다 아는 사실이다. 그런데 동양인의 마음과 정신생활을 오천 년 동안이나 지배해 왔기에 마치 실존물로 착각하기도 한다.

용은 상징물로도 많이 쓰였다. 제일 먼저 제왕의 상징으로 쓰였다. 왕과 관계되는 것에는 용이라는 접두어를 붙여 호칭하였다. 그리고 대학이나 기업, 상징물로 쓰이기도 하고 단체의 이름에 쓰일 정도로 활용도가 높다.

또한 용은 설화 속에도 많이 등장한다. 삼국사기를 비롯한 많은 설화 속에 보면 용과 관련된 설화가 많다. 그런가 하면 풍수에서도 용은 매우 중요시 되었고, 고사성어나 사자성어에도, 그리고 속담에도 용과 관련된 것들이 매우 많은 것을 보면 실제로 존재하지 않는 인간이 만든 동물이지만 인간 세상을 지배해 왔다고 해도 과언이 아니다.

누구나 다 아는 '용두사미(龍頭蛇尾)'라는 말이 있다. 용의 머리와 뱀의 꼬리라는 말로, 처음은 좋으나 끝이 좋지 않음을 의미하는 비유적인 말이 있는가 하면, 가장 중요한 일을 성취하는 것을 의미하는 말로 '용 그림에 눈동자를 찍는다' 즉 '화룡점정(畫龍點睛)'이라는 고사성어도 있다. 이 밖에도 하늘의 최고는 용이고 지상의 최고는 호랑이라는 뜻의 '천용지호(天龍地虎)', 용과 범이 싸운다는 말로 힘센 두 사람이 겨룬다는 의미의 '용호상박(龍虎相搏)'이라는 고사성어가 있다.

그런가 하면 격언이나 속담도 있다. '용이 물 밖에 나면 개미가 침노한다'라는 말로 물이 좋은 처지에 있던 사람이라도 불행해지면 하찮은 사람에게서 까지 모욕을 당하게 된다는 뜻의 격언도 있고, '개천에서 용이 나다', '미꾸라지가 용이 되다'라는 등의 속담도 있다.

23년이 토끼해였으니 24년은 용의 해다. 24년 마지막 달, 마지막 날에 우리는 모두 뱀의 꼬리처럼 되지 말고 용의 머리처럼 모든 일에 최선을 다하여 전무후무한 승리의 해가 되도록 노력하면 좋겠다.

정치, 경제, 나아가 종교도 어렵다. 어디를 보나 주님 오실 날이 가까워져 오는 것만 같은 이때 우리의 신앙도 점검하여 용두사미(龍頭蛇尾) 즉 용의 머리가 되려다 뱀의 꼬리가 되지 말고 용두용미(龍頭龍尾) 즉 용의 머리로 시작하여 용의 꼬리가 되는 즉 시종일관한 자세의 삶과 믿음으로 주님으로부터 칭찬 많이 듣는 24년이 되고 싶다.

[20240101]

착각은 죄가 아니랍니다

요즈음 거울에 비친 내가 유난히 밉다. 왜 미운지 스스로 분석해 보니 군데군데 하얗게 튀어나온 흰 머리카락과 너무 많이 빠져 듬성듬성하게 적어진 머리카락이 정리되지 않은 채로 지저분하게 보이기 때문이다. 나는 나의 얼굴이 아직도 탱탱하고, 주름은 물론 잡티도 없는 젊은 날의 모습으로 착각하면서 내가 밉게 보이는 이유는 단지 머리 때문이라고 애써 머리에게 그 책임을 미루고 있다.

그래서 그 잘못된 머리를 고치려면 미용실로 가야 한다는 결론을 내리고는 미용실로 숨 가쁘게 달려간다. 마치 미용실에 가면 나의 지저분한 머리를 멋진 머리 스타일로 바꿔어 내 모습에 대단한 변신이라도 되는 것으로 착각하면서, 그리고 그 착각을 마음속으로 그려가면서 미용실 문을 힘차게 연다.

그렇게 하기를 이 나이 되도록 몇 번이나 했을까? 그리고 그때의 생각이 얼마나 효과를 거두었을까? 그것은 대답을 들으나 마나 뻔하다.

나는 오늘도 지저분한 머리를 정돈하면 금세 겉모습의 레벨이 급상승이라도 할 것처럼 벼르고 별러 미용실 문을 두드렸다. 언제나처럼 미용실을 나올 때는 그 보랏빛 꿈이 차가운 현실이 되는 것을 오늘도 착각한 채 또 속고 말았다.

이렇게 인생 여정에는 누가 착각하라고 가르치지 않았는데 스스로 착각하는 일이 얼마나 많은지 모른다. 좀 과장되고 나르시적 요소가 있더라도 긍정적인 생각이 물거품이 되어 사라지는 경우를 수도 없이 겪으며 사는 것이 인생이라는 생각이 든다.

몸이 아플 때도 병원에만 가면 아픔을 다 사라지게 해 줄 것 같은 착각 속에 그것을 상상하며 병원을 향하여 달려간다. 그러나 그 상상이 상상으로만 존재할 뿐 아픔은 조금 감해지기는 했어도 다 치료되지 않았을 때가 더 많았건만 또 아프면 그때를 잊은 듯 또 같은 행동을 반복한다.

보고 싶고 그리운 사람을 애타게 그리워하면서 만나면 모든 것이 다 해소될 것 같은 착각도 한다. 그러나 만나고 나면 모든 것이 다 해소되었던가? 어디까지나 착각일 뿐, 우리의 마음은 그렇게 시원해지지 않는다.

착각이라는 것이 우리 삶에 모두 부정적인 것만은 아니다. 그나마 착각은 존재하지 않고 정확히 직시하는 눈과 마음만 있다면 서글픈 삶이 될 것 같다. 노인들이 흔히 하는 말로 몸은 늙었으나 마음만은 청춘이라고 하는 것도 어쩌면 억지스러운 착각이다. 또한 자신도 노인이면서 자신의 배우자를 바라보며 세상에서 당신이 가장 예쁘다고 말하면 그것을 듣는 사람은 아님을 뻔히 알지만, 기분이 좋은 것은 배우자가 자신을 향한 사랑의 마음 때문이기도 하지만 어쩌면 순간 착각 속에 빠지기에 그런 것은 아닌지 모르겠다.

우리나라 중년 남성의 81%는 긍정적인 착각을 하고 사는데 주로 자신은 자신의 나이보다 젊고, 생각이 열려있다고 생각한다는 것이다. 자신을 스스로 꽃중년으로 생각한다고 한다. 이처럼 인간은 자기중심적으로 착각하는 존재인지도 모른다.

어느 날 거울을 볼 때, 자신의 얼굴에 대해 예쁘게 느껴질 때가 있다고 한다. 사실 나도 그렇다. 여러 사람에게 물어보았더니 모두 그렇다고 했다. 그것도 착각이다. 그러나 그 착각이 너무 오랫동안 지배하고 있다면 그것은 꼴불견이지만, 스스로 자존감을 올려주어 삶의 활력소가 된다면 그것은 착각의 긍정적 효과다. 미모뿐이 아니라 자신의 모든 것에 때로는 그런 착각이 필요하다. 활력소가 되는 거기까지만 말이다.

이처럼 착각은 때로 긍정적인 효과를 준다. 긍정적인 착각은 행복을 가져다주고 성공으로 이끄는 힘이 되기도 한다. 왜냐면 긍정적 착각은 불가능한 것을 가능으로 바꿀 수 있는 위대한 힘을 가지고 있기 때문이다. 예를 들면 모두 안 될 것이라고 하지만 자신은 될 거라는 착각으로 살 때 더 긍정적 작용을 하게 되는 것이다.

어쩌면 우리는 늘 하는 착각, 알면서도 속는 착각, 상습적인 착각 속에서 사는지도 모른다. 세상엔 착각이 너무도 많다. 흔한 예를 들어보면, 어린아이들은 떼를 쓰면 다 되는 줄 안다. 대부분 엄마는 자신의 자녀가 머리는 좋은 데 노력을 안 해서 공부를 못한다고 생각한다. 또한 남편들은 살림하는 자기 아내는 집에서 할 일 없이 날마다 놀기만 한다고 생각한다. 미혼남녀들은 사랑하는 사람과 결혼하면 날마다 행복할 것으로 생각한다. 젊은 여자들은 자신은 안 늙을 것으로 생각한다.

사실 이러한 모든 것들은 착각이 아닐까? 그러나 이러한 착각이 없다면 그 인생은 너무도 삭막할 것 같다. 알맞은 착각은 우리에게 필요하고 또 있어야 한다. 그래서 오늘도 내가 만든 음식이 맛있고, 내 가족이 멋있게 보인다면 그 착각은 참으로 행복한 착각이다.

어느 날, 한 여인이 신부를 찾아가 고해성사를 했다. "신부님! 저는 매일 12번씩 거울을 보며 제가 너무 예쁘다고 생각했어요, 저의 발칙한 죄를 사하여 주신다면 앞으로는 절대로 그러지 않겠습니다." 이 말을 듣고 신부는 칸막이 사이로 자세히 여인을 쳐다보았다. 잠시 정적이 흐른 후 신부는 말했다. "자매님! 그렇게 생각하는 것은 죄가 아니라 착각인 듯합니다. 착각은 죄가 아니랍니다."

[20210303]

제4부

주께로 한 걸음씩

태어났다는 것은 시간과 함께

주 앞으로 가는 여정이다.

날마다 날마다 그곳을 향해 걷는다.

인생은 준비다

링컨은 "나무를 베는데 내게 1시간의 시간이 주어진다면 나는 도끼 가는 데 45분을 사용할 것이다"라는 말을 했다고 한다. 주어진 시간 중 준비하는 데 셋(3)을 사용하고 남은 하나(1)를 실전에 사용한다는 말이다. 준비와 실전의 비율을 3대 1로 한다는 말은 준비를 더 철저히 해야 함을 말해 준다.

시험 준비를 철저히 한 사람이 시험을 잘 볼 수밖에 없는 것처럼 무엇에든 준비를 잘해 놓으면 무슨 일이든 성공할 확률이 높다. 이것은 거의 철칙이다.

나는 어릴 적부터 준비성이 강하다는 칭찬 아닌 칭찬을 많이 들어왔다. 어쩌면 그 준비는 시작이 반인 것과 상통하는 것이었는지도 모른다. 어떨 때는 준비하느라 진이 다 빠져 정작 실전에는 아무것도 하지 못한 적도 있었다.

'시작하기 전에 신중히 준비하라'라고 말한 키케로의 말처럼 손님이 오시니 식사를 준비하라고 하면 철저히 준비했다. 그런데 너무 일찍부터 그것에 매여 다른 일은 하나도 못 했다. 한 번만 끓여야 할 국을 너무 일찍 끓여 놓는 바람에 식어버려서 데우느라 몇 번을 더 끓여서 제대로 국 맛을 내지 못하기도 했다. 그뿐 아니라 준비하다가 힘을 다 빼 지쳐버린 적은 얼마나 많았는지 모른다.

그런가 하면 그 준비성으로 인해 학창 시절에는 계획표를 기가 막히게 잘 짜곤 했다. 시험 날짜가 공지되면 시험을 위한 공부 계획표를 짜는 일에 시간을 너무 많이 보낸 적도 있을 만큼 나의 준비성은 정말 철저했다. 여행 갈 때도 준비하느라 지친 몸으로 떠나 여행 도중 몸이 아파 준비한 것만큼 즐거움을 누리지 못하기도 했다.

세상에 많이 알려진 위인들의 발자취를 따라가 보면, 몇 가지 공통된 점을 발견할 수 있다. 그 중의 가장 중요한 한 가지는, 그들은 모두 준비하는 사람들이었다. 준비는 그 자체가 의미 있는 일이다. 준비하는 데 시간이 오래 걸린다고 해서 준비를 게을리해서는 안 된다. 심지어 사재기는 나쁜 것이지만 그것도 일종의 비상을 대비한 준비다. '준비하는 자에게는 기회가 온다'라는 말은 간단하고 당연한 말 같지만, 언제 어떻게 닥쳐올지 모르는 막연한 기회를 잡기 위해 하루하루 살아가면서 준비하며 산다는 것은 말처럼 쉬운 일이 아니다.

그러나 미래의 목표를 향해 힘들어도 참고 성실하게 노력하며 준비해야 한다. 준비하지 않으면 그 기회를 살릴 수 없다. 설령, 기회를 만나도 자기 것으로 만들 수 없다. 준비 없는 사람에게는 기회가 오지 않는다. 아니 기회가 와도 준비가 되어 있지 않기에 기회를 기회로 살리지 못한다. 삶은 계획과 준비에 철저한 사람에게 그 이상을 보상해 주지만, 즉흥적으로 살아가는 사람들에게는 아무런 보상도 보장해주지 않는다. 준비성이 없는 사람은 방탕한 삶을 산 것은 아닐지라도 많은 시간을 허비함으로써 자기 몫을 챙기지 못하고 늘 주변인으로 살아가게 된다.

또한 성경을 보면 하나님께서는 준비된 자를 쓰신 것을 알 수 있다. 아브라함은 물론, 요셉도 다윗도 모세도 그랬고 신약의 바울도 그러했다. 특히 하나님께서는 이스라엘 백성을 출애굽 시킬 때 40년 동안이나 모세를 준비시키셨다. 하나님은 일을 맡기시기 전에 준비 기간을 허락하신다. 그리고 준비된 자들에게 일을 맡기시며 준비된 자를 쓰셨다. 하나님은 산속에 아름드리나무를 무진장 준비해두셨지만, 그것으로 아름다운 가구를 만들어 주시지는 않는 분이시다.

이처럼 하나님도 우리를 위해 준비하시는 여호와이레의 하나님이신 것을 생각하면 우리는 주님 만날 준비를 철저히 해야 한다. 음악회의 뒷이야기를 들어보면 연주가 끝난 후에 앙코르를 대비하여 2곡 내지 3곡 정도 미리 준비한다고 한다.

성공과 실패의 차이는 준비성에 있다. 어제의 실패를 되풀이하지 않으려면 다가올 미래의 일들을 생각하고 철저하게 준비해야 한다. 그러므로 100% 준비로 그치지 말고 200% 준비한다면 실패의 확률은 낮을 것이다. 준비하고 있노라면 반드시 기회가 온다.

마지막이 좋으면 다 좋다는 말처럼 이 세상에서 마지막 준비는 저세상에 갈 준비다. 아무 준비 없이 실전에 강했던 사람이라도 꼭 해야 하는 준비는 "우리 신랑 예수께서 다시 오실 때… 준비하고 준비하라"는 찬송가 가사처럼 바로 주님 맞을 준비다. 한마디로 누구나 가야만 하는 저세상을 위한 준비로 슬기로운 다섯 처녀가 되어야 한다. 이 땅에서의 일에는 준비성이 철저했는데 저세상 갈 준비가 미비하다면 준비성이 좋았다고 말할 자격이 없을 뿐만 아니라 미련한 삶을 산 것이다. 이것만큼은 철저하게 준비해야 함을 느낀다.

은퇴의 날이 하루하루 다가오는 눈앞에 닥친 현실 앞에서 지나온 날들을 돌아본다. 살아온 날들을 돌아보면 부푼 꿈을 안고 준비한 날도 있었고, 벅찬 포부 속에 힘에 겨운 준비도 있었다. 펼쳐질 자신의 미래를 위해서 준비하고 실행하기를 반복해 왔다고 볼 수 있다.

목회자는 늘 설교할 준비, 떠날 준비, 심방 갈 준비의 세 가지 준비를 하고 있어야 한다는 말이 있다. 목회자 아내로 40여 년을 살아보니 그 또한 맞는 말이었다. 어디 목회자뿐이랴. 목회자 아내의 삶 역시 모든 삶의 초점이 성도들에게 맞추어 있기에 나의 모든 일과는 그것에 맞추며 살았다. 그렇기에 목회자의 아내는 '5분 대기조'의 삶이다. 전부는 아닐지라도 그렇게 살아왔다고 말할 수 있다.

어쩌면 이제 남은 준비는 살아온 날을 돌아보며 초연하게 그곳에 갈 준비뿐이다. 물론 천국에 갈 준비는 언제나 했어야만 하는 준비지만 이제는 더는 미룰 수 없는 시점에서의 마지막 남은 준비다. 그렇기에 인간적으로 무거운 준비지만 영적으로는 희망이 넘치는 준비다. 이 준비는 해도 되고, 안 해도 되는 그런 준비가 아니다. 반드시 해야 하고 철저히 해야만 하는 준비다. 그래서 신나는 준비다.

콜린 파월은 "성공에 대한 비밀은 따로 존재하지 않는다. 그것은 바로 준비, 근면성, 실패로부터의 배움이다"라고 말했다. 이 말처럼 평소에 준비하여 성공한 한 사람의 이야기로 글을 맺으려 한다.

세계적인 명지휘자 토스카니니는 원래 첼로 연주자였다. 불행하게도 그는 아주 심한 근시여서 잘 보지 못했다. 토스카니니는 관현악단의 일원으로 연주할 때마다 앞에 놓인 악보를 볼 수 없으므로 늘 미리 외워서 연주회에 나가곤 했다. 그런데 한번은 연주회 직전에 지휘자가 갑자기 병원에 입원하게 되었다. 그 많은 오케스트라의 단원 중에 곡을 전부 암기하여 외우고 있던 사람은 오직 토스카니니뿐이었다. 그래서 그가 임시 지휘자로 발탁되어 지휘대 위에 서게 되었다. 그때 그의 나이 19세였고 세계적인 지휘자 토스카니니가 탄생한 순간이었다.

[20211207]

바보 할미의 손녀 사랑 ③

오늘도 바보 할미는 손녀 사랑에 젖어 있다. 손녀는 하루가 다르게 안 보면 몰라볼 만큼 쑥쑥 자라고 있다. 거기에 비하면 할미의 늙는 속도는 느리다. 그것이 얼마나 다행인지 모르겠다. 손녀가 많이 성장해서 나의 쪼그라진 늙은 모습을 보고 싫어한다면 어찌할지 못난 고민에 빠져 보기도 한다. 이런 생각을 하는 데는 나름의 이유가 있다.

칠순이 다되어 본 첫 손녀이기에 어떤 의미의 남은 자존심인지도 모른다. 손녀가 말을 하기 시작하면서 화상통화를 자주 한다. 스마트폰 화면에 내가 나타나면 개구쟁이처럼 익살스럽게 웃으며 "나나, 보고파요"라고 하는데 그 모습이 너무 귀여워 나도 익살을 떨며 동심으로 돌아가 그 어떤 때보다 더 밝고 환하게 웃는

다. 그 모습을 보며 손녀는 "사랑해요"라며 양팔을 머리 위까지 올려 하트 모양을 보인다. 그러면 내 오감은 바싹 얼어버린다.

또 딸과 통화를 하고 있으면 옆에서 "나나 보여줘"라고 쫑알대며 끼어든다. 그러면 얼른 손녀와 나는 하나가 되어 서로를 사랑의 눈으로 바라보곤 한다. 손주 사랑은 영원한 짝사랑이라는데 다른 사람의 손주와 할미의 관계는 그렇다 해도 나와 내 손녀의 사랑은 영원하기를 바라는 마음이다. 우리는 충분히 가능성이 있다. 그것은 내 딸과 내 엄니 즉 딸과 딸의 할미 사이가 그것을 증명한다. 그러니 나와 내 손녀도 그렇게 될 수 있고, 또 그렇게 될 것을 믿는다.

이렇게 영상으로만 보던 손녀의 모습을 직접 보고 만질 수 있는 날이 하루하루 다가온다. 그렇게 실제로 만날 날을 계수하면 더디 가는 것만 같아 계수하지 않고 서늘해지는 가을만 기다리는 '손녀 바라기'가 되어 버렸다. 또한 나는 내 친구의 말처럼 손주교의 광신도를 유지하고 있다.

그런데 언제부터인가 손녀는 자기 일에 푹 빠져 내가 전화를 해도 관심이 없을 때가 종종 있다. 그럴 때마다 나는 딸에게 손녀를 보여달라고 간청한다. 그러면 딸은 손녀의 이름을 부르면서 '나나가 로이 보고프데요'라고 말하는데 그러면 손녀는 자기가 집중하던 일에 몰두하여서인지 엄마의 말을 듣는지 안 듣는지 모르게 관심도 없다. 들은 척도 하지 않는다.

자기 엄마가 계속해서 말하면 그때는 자신이 집중하던 것을 전환해야 하기에 전화기에 보이는 나를 본척만척도 안 한다. 그리고는 "나나, 싫어"라고 말하며 전화기를 피해 어디론가 뛰어간다.

나는 안다. 이 말이 정말 할머니가 싫어서가 아니라는 것을. 그것을 굳이 설명하자면 발달심리학에서는 만 두 돌이 지나고 나면 자아가 형성되기 시작되는 시기로 독립심도 형성되기 시작한다고 한다. '하지마, 싫어, 아니야'라는 등의 부정적으로 보이는 말을 많이 하는 시기다. 그래서 미운 세 살이라고 하는 것 같다. 아무리 어린아이지만 나름의 진지하게 하는 일을 방해한 것이 미안하기도 하고, 또 그렇게 어디론가 피하는 모습이 너무 귀엽고 우습고 제대로 자라는 것만 같아 감사하고 기쁘다.

"손주는 올 때 반갑고, 갈 때는 더 반갑다"라는 말이 있지만 실제로도 그런지 나보다 훨씬 먼저 손주가 생긴 친구나 성도들에게 물었다. 아니라는 대답을 기대하면서… 그런데 이구동성으로 하는 말이 같았다. 아직 내가 손주교 광신도라서 그런지는 몰라도 그 말에 100% 긍정이 되질 않는다. 실제로 손녀를 돌봐 주러 미국에 갔다가 몸이 너무 안 좋아 예정일을 앞당겨 귀국할 때의 내 마음을 생각하면 더더욱 그렇다. 두 돌도 되기 전의 그 어린 손녀를 두고 돌아오는 발걸음은 정말 수만 톤의 쇠뭉치를 발목에 감아 놓은 듯 무겁기만 했었으니까 말이다.

또 요즘에는 "손주 사랑은 3년이요, 손주 뒷바라지는 30년이다"라는 말도 들었다. 그런데 나는 이 말도 수긍할 수가 없다. 내 손녀를 정말 30년 정도 사랑하려면 내가 백수를 해야만 하기에 하루하루가 안타까운 할미라서 그런지는 모르겠다.

그러나 나의 엄니의 손녀 사랑을 생각하면 저 말에 조금은 고개가 끄덕여진다. 내가 내 딸에게 베풀지 못할 시간이나 여건이 되면 나의 엄니는 나를 대신해 내 딸(손녀)에게 해 주던 것이 생각난다. 그런데 즐겁게 하는 일은 힘들어도 싫지 않은 법이니까 손녀 뒷바라지가 바로 그런 것일 것이다.

대대로 내려오는 우리 속담에 '두 불 자손 더 귀엽다'는 것이 있다. 이 말은 한마디로 아들보다 손주가 더 귀엽다는 말이다. 이렇게 손주가 아들보다 더 귀엽다는 말은 우리나라에만 있는 말이 아니다. 유대인의 격언에는 '한 사람의 손자는 세 사람의 자기 자식보다 더 귀엽다'는 말이 있는 것을 보아도 알 수 있다. 그러나 내 딸이 있기에 저렇게 귀여운 손녀가 있는 것이니까 딸의 존재와는 일직선 상에 놓고 비교할 수 없다. 둘 다 내게는 무엇과도 바꿀 수 없이 귀한 존재들이다.

딸은 내게 손녀의 노는 모습이나 먹는 모습, 심지어는 자는 모습까지 동영상으로 찍어 보내온다. 좀 뜸하게 보내면 나는 재촉 내지는 독촉할 정도로 손녀의 또 다르게 변화된 모습을 그리며 산다. 이 나이에 내 친구들의 손주는 중학생 혹은 고등학생도 있는 것에 비하면 나의 손주는 너무 어린 3살도 안 된 아기 손주지만 이 손주는 나에게 아주 유능한 정신과 의사 선생님이다.

나와 친분 있게 지내는 지인 중에 속상하거나, 우울하거나, 짜증이 날 때에는 내 스마트폰을 본다고 한다. 그 이유는 내가 스마트폰에 올려놓은 내 손녀의 사진과 동영상을 보면 어느새 그런 부정적인 생각은 사라지고 얼굴엔 미소와 함께 마음이 가벼워지기 때문이란다. 이런 고백을 하는 사람이 한 명뿐이 아니고 여러 명 있다. 얼마나 기분 좋은지 모른다. 나 역시도 그러니까 말이다.

기운이 없어 아무것도 하기 싫거나 의욕이 없을 때 손주의 동영상을 보면 의욕이 생기고 기분이 한층 좋아진다. 그러고 보면 초로의 노인에게 있는 우울증이나 무력증은 손주가 정말 최고의 의사라는 말이 맞는 말이다.

내 손녀의 부모가 다 목사님이라 그런지는 몰라도 손녀는 뭔지 영향을 받은 듯한 행동을 보인다. 나와 영상으로 대화할 때도 자기가 보기에 좀 쳐지게만 보여도 “나나! 아퍼?”라고 하면서 말하지 않아도 기도한다. “하나님! 나나가 아파요. 낫게 해 주세요”라고 하면서 ‘예수님 이름으로 기도합니다’라는 말은 단숨에 빠르게 하고는 ‘아멘’으로 기도를 맺는다. 이제 겨우 30개월 된 아기의 순수한 기도 모습이다. 또한 찬양하자고 하면 얼마나 열심히 잘 알아듣지도 못할 가사를 열심히 되뇌며 부른다. 하나님께서 무척 기뻐하실 것이 틀림없다.

손녀를 위한 기도를 비록 많이 하지는 못하지만, 예수님처럼 자라서 하나님과 사람들에게 사랑받는 손녀가 되기를, 하나님 나라를 이 땅에 이루는 데 쓰임 받는 사람으로, 하나님의 기쁨이 되기를 오늘도 기도한다. 내일도 할 것이다. 아니 주님이 부르시는 날까지 할 것이다.

그나저나 나는 언제까지 손녀 사랑에 빠진 바보 할미로 살게 될까?

[20241002]

벌써 가을이…

어느 해인지 정확한 기억은 없지만 '가을엔 시인처럼 살고프다'라는 생각을 하며 가을을 맞은 적이 있다. 푸르른 가을 하늘을 쳐다보고 있노라면 옛 시인들의 시가 떠오른다. 시인 박두진 님의 시 〈하늘〉이 제일 먼저 생각난다.

호수처럼 푸른 하늘이 정말 내게로 오는 것만 같다. 그리고 그 하늘에 나도 안기고 싶어진다. 가을은 이렇게 하늘로부터 선선한 바람을 선물로 가지고 와서 내 마음을 시리게 만든다. 그리고 살아온 삶에 대해 다시 한번 생각해 보게 한다.

인간은 늘 새로운 것들을 추구한다. 그래서 아무리 좋은 계절이라도 시간이 지나면 지루해하고 다음 계절을 내다보게 된다. 만물이 생동하고 산야가 푸르러지고 움츠렸던 몸과 마음을 일으켜 주는 봄도 어느 정도 지나면 우리들의 마음을 여름이 알기라도 하듯 성큼 다가온다.

가장 싱싱하고 활기차게 역동적인 여름도 찌는듯한 더위 속에 온갖 식물이 무르익어 갈 즈음이 되면 더위에 지친 심신을 달래줄 서늘한 가을을 기다린다.

나뭇잎이 갈색으로 변하고 들에는 곡식이 익어가고 갈색의 잎이 하나둘 떨어지기 시작하면 겨울은 이미 우리 곁을 기웃거리고 있다. 가을의 절정을 지나 겨울 색이 차츰 두각을 나타낼 때가 되면 가을은 풀이 죽는다. 섭리에 순응하듯 아무 말이 없다. 숙연해진다.

그러면 겨울은 마치 개선장군처럼 당당하게 성큼성큼 기세를 떨치며 우리에게 다가온다. 그렇게 맞은 겨울은 봄을 그리워할 추위를 안겨준다. 우리는 또 봄을 기다린다. 이렇게 돌고 돌며 시간은 아무렇지도 않은 듯 묵묵히 가고, 인생의 계절도 가는 시간과 함께 그렇게 가는 것이 우리의 삶이다.

올해 여름이 유별났기에 여름 끝자락에서 가을을 기다리는 마음 역시 더 유별나다. 계절의 변화는 우리를 숙연케 한다. 물론 아직도 여름은 작별 인사를 정식으로 하지 않았다. 그러나 벌써 아침저녁으로 부는 바람이 내 폐부를 서늘케 한다. 여름 날씨 장기 예보엔 범상치 않은 더위가 온다고 하여 긴장하고 여름을 맞았다. 정말 유난히 더웠다. 긴 날 동안 온 나라가 한증탕이 되었었으니까. 그런가 하면 비도 많고 태풍도 잦았던 여름이었다. 여름이 더우면 더울수록 유난히 가을을 기다리게 된다.

그러나 그렇게 덥던 여름도 하나님께서 만드신 계절의 순리를 위반할 수는 없다. 가을이 옴을 알리는 입추는 벌써 지났다. 창밖에선 여름이 가는 것을 애석해하듯 매미의 울부짖는 소리는 극에 달하여 마치 여름을 붙잡기라도 하려는 듯 시끄럽게 들린다.

그런가 하면 땅거미가 내리는 저녁부터는 귀뚜라미가 제 계절이 왔음을 알리듯 으스대며 여유 있게 울고 있다. 마치 귀뚜라미는 이제 자기들의 계절이 되었으니 매미에게 조용히 돌아갈 것을 종용하는 듯하다.

가을의 전령사 격인 잠자리도 출현하여 맴돌고 있다. 낮은 짧아져 석양은 멋쩍은 웃음으로 일찍 찾아오고 시간은 사시사철 같은 속도건만 우리의 마음엔 갈 길을 재촉하며 부지런히 움직이는 것만 같다.

그런가 하면 창밖의 나뭇잎은 싱싱한 푸르른 색에서 조금은 지쳐버린 듯한 색으로 변해가고 있다. 이제 조금씩 저만의 가을 잎으로 변해갈 것이다. 그런 나뭇잎을 보며 너나 할 것 없이 이구동성으로 아름답다고 하는데 인생 가을을 맞은 나는 과연 아름다운 모습으로 즐거움을 주는 저 나뭇잎처럼 아름다운 모습인지 돌아보게 한다.

가을은 우수에 잠기고, 쓸쓸함과 허무감에 잠기게 한다. 선선한 바람과 높고 푸른 하늘은 사색하기에 좋은 고독을 선물한다. 어쩌면 가을은 고독의 계절인지도 모른다. 가을이 되면 많은 사람들이 돌팔이 철학도가 된다. 어디론가 한없이 달려가는 자동차의 불빛을 바라보며 나도 한없이 어디론가 가고만 싶어진다.

북새통을 떨며 어지럽게 인산인해를 이루었던, 지금은 한적하고 고독한 외로운 바다를 보고 싶은 마음은 나만의 마음은 아닐 것이다.

이처럼 가을은 왠지 모르게 깊은 생각에 잠기는 계절임이 틀림없다. 생각에 잠기다 보면, 우리는 지난 과거를 돌아보며 인생과 함께 살아온 날을 생각하는 시간이 길어진다. 그래서 그런지 가을 노래는 기쁨의 노래보다는 인생의 쓸쓸함과 허무함을 노래한 것들이 많다.

생각해 보면 하나님이 우리에게 주신 4계절은 꼭 우리의 인생 여정과 다름없음을 보여준다. 봄은 우리 인생에 있어서 청소년기를, 여름은 청년을, 가을은 장년을 겨울은 노년과 비교할 수 있다. 그래서 인생에 있어 노년기 전에 맞이하는 갱년기를 쉽게 말해 사추기(思秋期)라고 하기도 한다. 그렇기에 계절의 가을에는 인생의 가을을 저절로 돌아보게 된다.

가을에는 여린 새싹에서 푸른 잎으로, 푸른 잎에서 단풍으로 살다가 떨어져 발에 밟히게 된 나뭇잎을 주어 책갈피에 고이 넣는다. 그 하나의 작은 잎을 바라보며 자신의 인생을 빗대어 생각해 보는 숙연한 시간으로 몰입하며 자신이 살아온 한 해를 돌아보고 마지막 달까지 최선을 다해 살 것을 다짐하기도 한다. 가을이 깊어지면 겨울이 오듯이, 인생의 가을은 죽음이라는 인생의 겨울을 준비하도록 재촉하는 것 같이 느껴진다.

우리 나이가 몇 살이든 간에 불신의 눈으로 보면 늙는다는 것이 서럽고, 쓸쓸하며, 산다는 것이 허무해지는 것이지만, 그러나 믿음의 눈으로 보면 '늙음은 하나님의 축복이며, 나의 생애를 더욱 아름답게 가꿀 기회'라는 것을 깨닫게 된다. 저녁노을이 유난히 붉은 것은 작별인사를 하기 때문이라는 말이 생각난다. 마지막은 그런 것인가 보다.

올해도 가을은 이미 문지방을 넘어 방으로 들어오려 한다. 가을의 햇살을 보며 '햇살이 가슴을 파고들며 상냥한 마음일 땐 지은 죄를 모두 털어 내며 빨랫줄에 걸어두고 싶다'라고 노래한 시인 이원상 님처럼 나도 냄새나고 찌든 마음을 말릴 수 있다면 따

가운 햇살에 내다 널어 말리고 싶다. 곰팡이 핀 내 마음의 부분들까지 햇볕에 씻어 버리고 싶다. 붉은 노을의 배웅을 받으며 뽀송한 마음으로 부끄럽지 않게 겨울을 맞고 싶다.

소슬한 가을바람이 옷깃을 여미게 하는데 석양의 서쪽 하늘을 바라보며 올여름을 무사히 보내게 하심에 감사함과 동시에, '가장 아름다운 열매를 위하여 이 비옥한 시간을 가꾸게 하소서'라고 한 시인 김현승 님의 가난한 마음처럼 지금 우리에게 주신 열매 맺는 풍성한 가을을 감사하고 싶다.

[20230902]

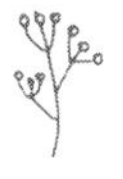

나그넷길의 과제

나 어릴 적에 '인생은 나그넷길 어디서 왔다가 어디로 가느냐'로 시작되는 〈하숙생〉이라는 가요가 있었다. 전반적으로 인생을 생각하게 하는 의미 짙은 구절이 많아 많은 사람으로부터 사랑받았던 가요 중의 하나다. 그래서 이 노래를 찬송가 부록에 넣어야 하지 않겠냐고 농담할 정도로 기독교인에게도 호응이 좋았다.

가요를 별로 좋아하지 않는 나까지도 기억하는 것을 보면 그 인기를 짐작할 수 있다. 노랫말 전반을 보면 인생을 나그넷길과 같다고 하지 않고 나그넷길이라고 단정하여 말하고는 출발지와 목적지에 대해 막연함을 나그네에게 묻는 말로 되어있다.

그렇다. 우리는 나그네고, 인생은 나그넷길이다. 인생이 나그넷길이라는 말에 대해서 이의를 제기할 사람이 있을까? 깊이 생각하지 않아도 인생을 나그네로 보기도 하고, 좀 즐겁게 보는 사람은 소풍으로 보기도 한다. 소풍이든 나그네든 이 말에는 출발지가 있고, 돌아갈 곳이 있다는 뜻이 숨어있다.

이 땅에서 살아가는 사람 중에 고향이 없는 사람은 아무도 없다. 비록 갈 수 없는 곳에 있을지라도 마음속에 간직된 고향은 반드시 있다. 그리고 나이를 먹으면 먹을수록 고향을 그리워하는 마음이 커진다고 한다. 이러한 현상은 인간뿐만 아니라 동물도 그러하다.

코끼리는 자신이 태어난 곳을 본능적으로 안다고 하고, 또한 연어는 자신의 고향으로 찾아가 생을 다한다고 한다. 제비도 죽을 때는 제자리로 돌아오고 여우도 죽을 때는 고향을 향해 운다고 한다. 더욱이 놀라운 점은 많은 짐승이 죽을 때 사실인지는 몰라도 자기가 태어난 곳을 향해 머리를 두고 죽는다고 한다.

이처럼 살아있는 모든 것은 고향을 생각하는 본성을 가지고 있다. 이것은 누가 가르쳐 준 것이 아닌 자연스러운 현상이다. 동물도 그러하거늘 우리 인간은 어떻겠는가.

그처럼 많은 사람이 가지는 영원한 질문 중의 하나는 '나는 어디서 와서 어디로 가는가?'하는 것이다.

인생길은 세상에 태어난 사람이라면 싫든 좋든 누구나 가야 하는 필연의 길이다. 다시 말해 한 번 나그넷길에 들어선 사람은 싫든 좋든 가야만 하는 것이 인생이다. 그것은 살아가야 하는 권리와 의무가 동시에 있기 때문이다. 그런데 이 길이 너무도 다양한 천태만상이라는 점에 매력이 있다. 목적지를 알고 가든 모르고 가든, 목적지에 대한 분명한 의식을 가지고 가든, 아무 생각이 없이 가든, 과정은 자신이 선택할 수 있다는 점이다.

그래서 그 과정이 어떤 사람에겐 쉽고, 자유롭고, 행복한 데 반해 어떤 사람에겐 힘들고 고통스럽게 주어진다. 잘 선택하고 그 선택한 것을 부지런히 열심히 노력한 사람은 즐거운 인생이 될 것이지만 그렇지 못한 사람은 그 길이 여간 힘든 것이 아니다.

목적지를 알고 간다면 인생의 과정을 선택하는 데 크게 도움이 된다. 아무리 힘들고 고통스럽다 해도 목적지가 분명한 사람은 다른 길로 가지도 않을 뿐만 아니라 불평이나 불만이 없이 자신의 길만 묵묵히 간다. 반면에 목적지를 모르고 가는 사람은 모르기 때문에 어느 길로 가야 할지 방황하고, 되는대로 아무 길로 가기도 한다.

그렇다면 '무엇을 위하여 살고 있는가'하는 질문을 해 보아야 한다. 러시아의 문호 톨스토이의 소설 중에 있는 이야기다.

많은 땅을 갖고 싶어 하는 주인공에게 어느 날 조물주가 나타나서 “네가 오늘 실컷 걸어 다녀라. 네가 밟은 곳은 다 너에게 주마. 다만 네가 기억해야 할 사실이 하나 있는데, 해가 지기 전에 돌아와야 한다. 해지기 전에 돌아오지 않으면 오늘 너의 고생은 무효가 될 것이다”라고 말했다.

땅에 대한 욕심으로 가득 찬 그는 이른 새벽부터 부지런히 쉬지 않고 걸었다. 종일토록 걷다가 시간을 보니 너무 멀리 온 것을 발견했다. 해가 지기 전에 돌아가려고 뛰기 시작했다. 숨을 몰아쉬며 죽을힘을 다해 겨우 도착했지만, 심장이 터져 죽고 말았다. 그래서 결국 그가 차지한 땅은 그의 육신이 묻힐 고작 반 평 땅밖에 되지 않았다는 내용이다.

나그넷길의 종착역은 죽음이다. 반드시 사람은 누구나 한번 죽는다. 우리 앞에 살던 그 모든 사람이 다 죽었다. 아무리 훌륭한 사람도, 빈부귀천 누구 하나 예외 없이 늙어 죽었든, 병들어 죽었든, 사고로 죽었든 다 죽었다. 지금, 이 순간도 지구상에 1초에 2명씩 죽어가고 있다고 한다. 머지않아서 그 죽음을 나도 맞게 될 것이다. 물론 이런 사실을 모르는 사람은 없다. 어떤 사람들은 알지만, 아직 먼 훗날 이야기라고 생각해서, 혹은 나는 예외일 거라는 막연한 생각으로 살아간다.

또 어떤 사람들은 오늘 하루하루 사는 일이 너무 바쁘고 고단해서 죽음을 생각할 틈이 없어 미루고 있고, 죽음이 너무 두려운 나머지 생각하고 싶어 하지 않는다. 어찌했든 사람들 마음속에는 죽음에 대한 두려움이 자리 잡고 있다.

사람들이 죽음을 두려워하는 이유는 지금까지 자기가 쌓아온 모든 것을 죽음으로 다 잃어버리게 되는 것과 사랑하는 사람, 그리고 사물과 단절됨을 두려워하기 때문이다. 그런데 사실 그보다 더 큰 두려움은 죽음 이후에 대한 두려움이다. 죽고 나면 연기처럼 사라지는 것인지, 아니면 어디로 가는 것인지, 간다면 도대체 그곳은 어디인지 알지 못하기 때문에 두려워하는 것이다.

20세기의 최고 지성인으로 알려진 사르트르는 죽음에 대한 공포 때문에 병원에 있는 동안 소리 지르고 발악을 하고 미치광이처럼 고함을 질러 댔다고 한다. 그는 그렇게 소리 지르고 발악을 하다가 세상을 떠났다. 어떤 사람은 말했다. 그가 돌아갈 고향이 없었기 때문에 그렇게도 죽음 앞에 비참했다고 말이다. 세상에는 이처럼 불쌍한 사람들이 참 많다. 그중에서 제일 불쌍한 사람은 돌아갈 집을 모르는 사람이다.

앞에서도 말했지만 태어난 인간은 반드시 죽는다. 죽은 후에 어디로 갈 것인가. 분명히 말하지만 죽음으로 나그넷길은 끝나고 준비된 곳에서 영원히 살게 된다. 나그넷길의 여정으로 그 영원한 곳이 천국이 될 수도 있고, 지옥이 될 수도 있다.

키르케고르는 '오늘날의 현대인들은 고향 잃은 사람들이다'라고 했지만, 성도는 죽은 후에 돌아갈 집이 있음을 아는 사람이다. 또한 세상에서 살아가는 것이 나그넷길임을 아는 사람이다. 그래서 자신이 나그네임을 알고 또 목적지가 있다는 것도 안다. 그리고 성도는 목적지를 제대로 알고 그곳을 향하여 가는 사람이다. 성도에게는 인생 여정을 안내해 준 예수님이 나의 목적지를 예비해 놓으셨다. 그곳은 아버지 집으로 상상이 아닌 확실한 곳이다. 그곳은 천국이다. 목적지를 알면서 다른 곳으로 가는 멍청한 사람은 없듯이 목적지에 다다를 때까지 열심히, 성실히 달려가야 한다.

깊어가는 가을. 밖에는 나무마다 울긋불긋 제 자태를 자랑하고 있다. 어쩌면 살아온 날에 대한 보고서인지도 모른다. 인생 가을에 있는 나로서는 예사로이 보이질 않는다. '저 나무들의 잎보다 더 열심히 살았어야 했는데' 하는 반성이 앞선다. 저 본향이 점점 더 가까이 눈앞에 더 선명하게 보여오는데 나그넷길이 복된 길이었다고 자신 있게 말할 수 있도록 더 노력할 것을 마음 깊이 다짐한다.

[20221102]

나이 먹는다는 것은

십여 년 전쯤일까? 한 백화점에서 할머니를 부르는 어느 꼬마 어린이의 목소리가 들렸다. 설마 나를 부르는 것은 아니라고 생각하며 주위를 둘러보았다. 주위에는 할머니 같은 사람은커녕 아주머니 정도의 사람도 없었다. 나는 얼른 그 아이를 쳐다보았다. 그런데 그 아이의 눈빛이 나를 지칭한 것이라는 표정이었다. 그 아이 엄마는 내게 죄송하다며 인사를 하고는 아이를 데리고 얼른 자리를 떠났다.

너무도 생소한 할머니라는 소리에 누가 뭐라 하지 않았지만 감추어져 있는 내 늙음이 들통 난 듯 얼굴이 달아올랐다. 아이는 자신이 느낀 대로 그렇게 불렀을 것이니 마음속에 나는 아직 젊었다는 생각이 와르르 무너져 내렸다.

이 사건이 생겼을 때는 딸이 결혼하기 전이고 할머니가 되려면 아직 멀게만 생각하던 때라 할머니라는 소리가 나를 더 당황하게 했다. 하기야 할머니 소리 좀 들었기로서니 무엇이 그리 아프냐고 할지 모른다. 그러나 실제로 할머니에게도 할머니라 하면 싫어한다는데 아직 진짜 손주가 생긴 것도 아니고, 무엇보다 나는 젊고 할머니가 되려면 아직 한참 더 있어야 한다는 생각이 잠재의식 속에 있었기에 씁쓸한 생각은 내 마음에 오래 머물렀다. 이 사건은 늙음이 무엇인지, 또 세월의 무상함을 느끼게 해준 사건이었다. 겉으로는 아무렇지 않은 척했지만 속은 상했고 마음은 서글픔으로 가득 찼었다.

집으로 돌아와 거울 앞에 앉아 나를 심각하게 들여다보았다. 노인으로 가는 모든 요인이 어느 것 하나 예외 없이 모두 다 내게 있었다. 시력은 자꾸 나빠져 노안이 깊어지고 있고, 안구가 건조해져 눈이 침침하고 눈꺼풀은 내려앉아 눈은 작아졌다. 머리카락은 자꾸 빠져 숱이 적어질 뿐만 아니라 흰 머리카락이 기하급수적으로 늘어나고 더불어 머릿결은 푸시시 했다. 희고 깨끗하던 피부는 탄력을 잃고 주름과 잡티가 생겼다. 허리는 어디에 있는지 찾을 수 없고… 이런 것들이 바로 나의 현주소였다. 결국 아이가 나를 할머니로 여긴 것은 전혀 잘못된 것이 아니었다.

언젠가 밤에 안약을 찾느라 잠자리에서 일어나 불도 켜지 않은 채, 거울이 있는 서랍을 열다가 거울에 희미하게 비친 내 모습을 보고는 얼마나 놀랐는지 모른다. 내가 생각한 내 모습이 아닌 낯선 노인이 거울 속에 있었기 때문이었다. 그런데 그 노인이 바로 나라는 사실 앞에 서글프기까지 했다. 잠은 다 달아나고 무얼 하며 이렇게 늙어버렸는지 한 10년은 도둑맞은 기분이었다.

꽃도 피려고 꽃봉오리를 트일 때는 여린 모습이 너무도 싱그럽고 눈부시다. 활짝 피었을 때는 활기가 넘치고 아름다운 자태가 매혹적이다. 그러나 그 꽃이 지기 시작하면 빨리 가져다 버리고 싶을 만큼 아름다움은 자취도 없어지고 지는 속도 또한 무척 빠르다. 사람도 마찬가지다. 지금 나는 지고 있는 꽃이다. 그것도 쓰레기통에서 아주 가까이 있는 꽃이다. 시들고 있다. 아름다움이란 눈을 비비고 찾아도 없다.

나이 먹는 것을 좋아하는 사람은 없을 것이다. 아니 싫어한다. 아무리 나이 먹음을 부정하며 안간힘을 써 노력해도 나이 먹음은 현실로 나타난다. 한 시인은 〈인생의 주소〉라는 시에서 "젊을 적 식탁에는 꽃병이 놓이더니 늙은 날 식탁에는 약병만 줄을 선다"라고 했다. 나이가 들면 먹어야 할 약이 많아짐을 실감한다.

어디 그뿐이랴. 나이와 함께 많아지는 것은 주름, 흰 머리카락,

아픈 곳, 먹는 약 등이 있고, 나이와 함께 적어지는 것은 키, 머리카락, 잠, 살날도 적어지고 자신감도 없어진다고 한다. 그 외에도 지하철에서 빈자리가 눈에 들어올 때 나이 먹음을 느낀다고 한다. 한 조사에서는 무엇보다 배가 나오는 것을 보고 늙음을 느끼는 사람이 많았다.

TV를 켜기만 하면 싱그러운 젊은 사람들만 보이고 나 같은 중늙은이의 모습은 보이지도 않는다. 아무리 마음만은 젊게 산다고 해도, 그것은 내 생각일 뿐만 아니라 늙은이 주책이라는 소리를 듣기에 십상이다. 정말 마음은 아직도 젊기만 한데도 말이다. 몸이 늙으면 마음도 늙고 마음이 늙으면 모든 욕구도 사라져 매력은커녕 쓸모없는 존재로 보는 것을 당연한 것으로 생각하는 것이 마음을 더 아프게 한다. 그래서 무슨 일을 하기에 자신이 없어지고, 나아가 한없이 작아만 지는 모습을 발견할 때 서러움마저 느낀다. 경쟁 사회 속에서 정신없이 달려오다 어느 날 문득 한없이 오그라든 내가 보일 때 한층 더 서럽고 서글프다.

게다가 세상은 하루하루, 아니 한순간에도 변화하고 있으니 그것을 따라가려고 부지런히 헐떡거려야 하는 현실이다. 또한 하루만이라도 대충 소홀히 하다가는 낙오자로 전락하여 버릴 것이니 시간 가는 것이 두렵기만 하다.

그렇다면 '나는 언제부터 늙어 감을 실감했을까?' 정확하게 언제부터였는지 기억할 수 없지만, 언제부터인가 신문이나 책을 읽을 때 작은 글들이 잘 보이질 않아 눈을 찡그리기도 하고, 초점을 맞추려고 책을 앞뒤로 옮겨가며 보는 일이 잦아졌다. 옛날에 있었던 일들이 생각나고 그것이 추억거리가 되어 그리워지면 늙었다는 표라는데 요즘은 더욱 옛날이 그리워진다. 애써 자신을 스스로 아직 젊은 나이라고 우겨 봐도 조금씩 그렇게 나이를 먹어가고 있는 나를 세월은 비웃는 것만 같다. 그렇게 나도 모르는 사이에 나는 조금씩 늙어가고 있었다.

그러나 본격적으로 나이 듦을 느낀 것은 내가 살아야 할 세월이 산 세월보다 적어짐을, 나의 지인이 천국에 한 명씩 더 늘어나는 것을 깨달을 때부터였다. 지금은 나를 잘 아는 사람이 이 땅에서보다 천국에 더 많이 계신다. 가장 친했던 나의 엄마도 하늘에 계신다.

나이를 먹는다는 것, 늙어간다는 것은 결코 하루 이틀에 된 것이 아니며 그것은 살아가는 지혜를 배우는 과정이라 생각한다. 늙어간다는 것은 살아온 날들의 점철로 이룩된 삶의 흔적이기에 살아온 세월의 수만큼이나 겪어야 했던 일들 속에서 조금이나마 인생 후배들에게 조언해줄 지혜가 생김이 늙어감에 얻은 유익일 것이다. 어차피 늙어가는 것이 인생이라면 용기 있게 받아들이면서 몇 가지 마음에 소원을 가져 본다.

육신의 눈은 나빠지지만 신령한 눈은 반비례로 밝아지면 좋겠다.

육신의 귀가 어두워질수록 주님의 세미한 음성을 더 잘 들을 수 있으면 좋겠다.

세상 지식의 기억은 사라지지만 천국은 더 확실히 기억하고 사모하며 살면 좋겠다.

불확실한 미래를 살아가고 있지만, 그러나 분명한 것은 나는 죽을 것이고 그리고 주님을 만날 것이다. 주님 보시기에 고상하고, 우아하고, 아름답게 늙어가고 싶다. 늙어감을 감사하며 주님 만날 소망으로 살아가고 싶다.

[20211002]

두려움이 필요한 시대

지구촌에 등장하여 온 인류를 괴롭히던 '코로나19'는 지금은 거의 사라졌다고 생각했으나 아직도 우리를 불안하게 하고 있다. 이런 실정 속에 지구촌의 사람들은 여러 해 동안 대소의 차이는 있지만 알게 모르게 불안감과 두려움 속에서 살았다. 천만다행으로 점점 약화 되고 그 증상도 미비하니 감사할 뿐이다.

사람이 태어나서 죽음에 이를 때까지 불안으로부터 시작된 두려움은 늘 우리 곁에 존재하는지도 모른다. 심리학에 의하면 생후 6개월이 되면 두려움을 느끼기 시작한다고 한다. 그러나 그보다 태어날 때 울면서 태어나는 것은 오직 자기만을 위하여 제공된 편안한 엄마의 배 속에 있다가 이 넓은 세상으로 나오는 것이 불안해서 우는 것이라고 말하는 사람도 있다. 무엇이 맞는 말인지는 모르겠으나 사람은 숨이 끊어지는 날까지 불안감과 두려움 속에서 살아간다.

지나고 보니 어린이는 어린이대로, 청소년은 청소년대로, 어른은 어른대로 가지고 있는 두려움의 종류와 형태는 다르지만 모두 두려움을 가지고 있다. 또한 건강하고 경제적 능력이 있고 아무 걱정거리가 없는 사람처럼 보이는 사람이라도 여기에서 예외일 수 없다. 두려움은 삶에 의욕과 용기를 빼앗아 감으로 우리를 실패한 인생으로 만들 힘을 가지고 있다. 문제는 두려움을 극복해야 하는데 중요한 것은 그 두려움을 어떻게 극복하느냐 하는 것이다.

나는 유아기 시절에 번개와 천둥소리를 두려워했다. 비가 오면 천둥과 번개가 따라오지 않을까 하는 두려움이 있어 비가 오는 것조차 싫었다. 아주 어릴 때 번갯불이 번쩍이면 그 번개가 마치 나를 내려칠 것만 같았다. 그것은 죄가 많은 사람이 '벼락 맞는다'라는 말을 많이 들은 터라 번갯불이 번쩍일 때면 나는 내가 잘못한 일들을 떠올리며 방 한쪽 구석에 앉아서 용서를 구했다.

당시의 죄는 대체로 엄마 말씀 잘 안 들은 죄, 동생들을 잘 데리고 놀지 않은 죄, 숙제 먼저 안 하고 놀기를 먼저 한 죄까지 지금 생각하면 웃음이 나지만 그때의 나의 마음은 매우 심각했다. 순진한 어린 시절에 생긴 두려움인지 모르겠으나 지금도 번갯불에 대한 두려움에서 완전히 자유함을 얻은 것은 아니다.

어릴 때부터 있었던 두려움은 성장하면서 죄의식으로 남기 시작했다. 주님을 믿는 믿음의 부족이 두려움을 낳은 것만 같았기 때문이다. 그리고 이 두려움에 대해 부모님께 이야기할라치면 예수님이 함께 하는데 왜 그러느냐는 책망의 소리를 자주 들었다. 이 책망의 말씀은 나 자신을 정죄하기에 이르기도 했다. 아무리 노력을 해도 무섭고 두려운 것은 나를 떠나지 않았다. 사실 두려워하는 마음은 하나님께서 주신 마음이 아님을 나 자신도 잘 알기 때문에 더 힘들었다.

그러나 두려움이 엄습할 때는 그저 주님께 나 자신의 마음을 솔직하게 털어놓고 주님만을 의지하고 함께해 주실 것을 간구했다. 그리고 나면 든든한 마음이 생기며 두려움이 조금은 사라지기도 했다.

인생을 살아가는데 두려움은 큰 문제다. 두려움에는 시시한 두려움도 있지만, 자신의 삶을 좌지우지할 정도의 큰 두려움도 있다. 그 두려움은 정상적인 삶을 유지하지 못 하게 한다. 특히 미래에 대한 불안이 극복되지 못하면 두려움이 생길 수밖에 없다. 예를 들면 시험공부를 하지 않은 학생이 시험지를 받아들었을 때 불안하고 두려운 마음이 생기는 것은 극히 당연한 것과 같다.

두려움에 종류는 셀 수 없이 많다. 내일에 대한 두려움, 실패에 대한 두려움, 거절당함에 대한 두려움, 건강에 대한 두려움, 나아가 질병에 대한 두려움, 이별에 대한 두려움, 그리고 죽음에 대한 두려움까지 등 갖가지 두려움이 존재한다. 그리고 자신이 지은 죄에 대한 두려움, 잘못과 실수에 대한 두려움도 있다. 이러한 두려움은 삶에 대한 용기와 의욕을 잃게 함으로 일상생활에 큰 지장을 초래한다.

그렇다면 두려움이 왜 생길까? 병을 두려워하고 가난을 두려워하고 폭행을 두려워하지만, 그 배후에는 죽음이 깔려있기 때문에 결국은 죽음을 두려워하는 것이다. 그렇기에 두려움의 끝은 죽음이다. 정신분석학자 프로이트는 "인생은 평생 죽음에 대한 두려움을 심리적으로 안고 살아간다"라고 지적했다. 또 어거스틴의 참회록에 보면 친구가 죽은 뒤에 이런 고백을 했다. "착잡한 생각이 나를 둘러쌌다. 죽음에 대한 두려움이 무겁게 나를 억누르고 있다."라고 말이다.

그러나 두려움이 부정적이고 악영향만을 끼치는 것은 아니다.

두려움은 희망을 가진 사람이 누리는 특권이며 생의 에너지라고 말하는 사람도 있다. 이처럼 삶에 중요하고 소중한 것을 잃으면 어쩌나 하는 두려움이 생기면 그것을 극복하여 지키고 유지하려는 강한 마음이 생겨 도리어 유익이 될 수도 있다. 예를 들면 1등만 하던 아이가 1등을 뺏길까 하는 두려움으로 공부를 더 열심히 한다면 그 두려움은 도리어 유익이 되는 것과 같다. 나 같은 경우 번갯불이 두려웠던 것은 죄가 많은 사람이 그렇다고 느꼈기에 조금이라도 엄마 말씀을 잘 들으려고 하기도 했으니까 말이다.

이처럼 살아가는데 유익한 두려움도 있다. 두려움은 우리로 조심하게 하고, 자신을 돌아보게 하는 좋은 촉매제의 역할을 한다. 죄가 되는 두려움은 없어야 하지만 이 땅을 살아가는데 가져야 하는 두려움은 반드시 있다. 절대자이신 하나님에 대한 경외감에서 오는 두려움은 반드시 있어야 한다. 그런 두려움이 있어야 하나님께 순종도 하게 되고 그분의 권위를 인정하게 된다.

무엇보다도 그런 두려움이 있어야 우리는 겸손해진다. 두려움이 없는 사람은 무지한 사람이라고 말할 수 있다. 아무것도 두려울 것이 없다고 하는 사람은 겉으로는 겸손한 사람처럼 보일지 모르지만 교만한 사람이다. 자기가 제일이라는 생각이 잠재의식 속에 있는 사람이다. 그렇기에 그러한 사람의 생활을 보면 막무가내가 되어 망나니 칼 휘두르듯 하기도 한다. 두려움이 없기에 위험한 짓도 쉽게 할 수 있다.

요즘 발생하는 범죄를 보면 두려움이 없는 마음에서 기인한 것들이 많다. 어찌보면 두려움이 없는 사람은 하나님도 없는 사람이다. 하나님을 두려워하는 사람은 그 두려움이 있기에 그 두려움을 없애 줄 주님을 찾고 더 의지하게 되고 또 우리를 두려움에서 해방시켜 주실 것이기 때문이다. 그리고 이러한 두려움은 자기를 돌아보며 죄악된 생활에서 벗어나게 한다.

세상이 두렵다. 내 힘으로는, 내 능력과 의지와 결단만으로는, 두려움을 이겨낼 수 없다. 그러나 하나님을 바라보면 안심할 수 있다. 50대 그룹 총수의 70%가 종교인이라고 한다. 이는 사업의 불안감을 극복하기 위한 수단으로 종교를 갖는 것일 것이다.

"두려워 말라 내가 너와 함께 함이니라 놀라지 말라 나는 네 하나님이 됨이라"(사 41:10)의 말씀을 의지하면 어느새 두려움이 사라지고 든든함으로 바뀌어 있음을 발견한다.

하나님은 당신의 자녀에게 두려움을 이겨낼 힘과 능력을 주셨다. 그렇기에 두려워하지 말라는 주님의 말씀을 되뇌면 두려운 마음이 점차 사라지게 되고 도리어 용기가 생기는 것을 많이 경험했다. 마치 찬송가의 "그 두려움이 변하여 내 기도되었고"의 가사처럼 말이다. 그리고 나면 어린아이가 엄마 품에 있을 때 느끼는 안락함보다 더 든든해진다.

하나님을 두려워하는 것은 성도의 필수다. 그 두려움은 경외심이니까 말이다. 두려워하지 말라는 말씀 다음에는 주님을 더 의지할 것을 전제한다. 머리털까지 세시는 전지전능하신 하나님을 의지할 때 세상 두려움은 사라지게 된다. 그렇기에 하나님을 의지하는 자의 두려움 없는 행위는 신뢰와 순종이지만 하나님마저 없이 하는 행위는 교만의 극치라고 할 수 있다.

성도의 필수품인 하나님을 두려워하는 두려움이 있다면 세상의 헛된 두려움은 사라질 것으로 믿는다.

[20231004]

은퇴 그 이후

세월의 흐름 속에 은퇴라는 단어를 현실로 맞은 지 어느덧 3년이 되었다. 다른 사람이 은퇴할 때는 그저 그동안 수고함에 박수와 함께 남은 삶은 더 멋지게 살 것을 축하와 격려의 말로 쉽게 하곤 했다. 그런데 막상 우리가 그 은퇴의 주인공이 되고 보니 이전에 느꼈던 생각들은 너무도 피상적이고 타성이 붙은 입술의 말이었던 것만 같아 앞서 은퇴하신 분들에게 죄송한 마음이 든다.

은퇴란 만들어 놓은 정년이라는 법칙에 따라, 다니던 회사나 직장을 그만두는 것이다. 사회의 고령화와 함께 '베이비붐 세대'

의 은퇴는 중요한 사회적 이슈가 되고 있다. 물론 그것으로 인한 해방감과 자유함을 얻어 자신이 하고 싶었지만, 직장에 얽매어 하지 못했던 일이나, 취미 생활 등을 편안하게 할 기회가 되기도 한다. 그러나 반대로 경제적인 어려움이 따를 수 있고, 하던 일을 내려놓았다는 점에서 상실감을 느낄 수도 있다. 그래서 '빈둥지 증후군'이라든지 '은퇴 증후군'이라는 말이 생겨나기도 했다. 또한 규칙적인 생활에서 불규칙한 생활로 바뀌므로 건강에 이상이 생기기도 한다.

은퇴는 인생에서 반드시 있는 것이기에 준비는 필수다. 그러나 현직에 있을 때는 은퇴에 대해 실감이 잘 나지 않고 또 여건이 안 되는 사람은 은퇴 준비라는 말이 사치스러운 말로 들리고 은퇴 준비할 엄두도 내지 못하고 있다가 준비 없이 은퇴를 맞기도 한다. 그렇기에 준비되지 않은 은퇴가 노년기의 삶을 더욱 어렵게 만든다.

그러나 노후 준비를 잘하고 건강한 사람이라면 은퇴 후의 많은 시간을 더 즐겁고, 더 보람 있게 보낼 수 있다. 은퇴 후의 삶이 은퇴 전의 삶보다 더 멋지고 보람 있다면 그것은 큰 축복이다.

일반인들의 은퇴가 그렇다면 목회자의 은퇴는 어떠할까? 목회자의 은퇴도 일반인들과 비슷하다. 그러나 한편으로는 목회자 은퇴에 나타나는 현실은 일반적인 은퇴와는 사뭇 다르다. 목회자의 은퇴는 특히, 교회라는 종교 공동체의 특수성과 사회나 개인의 현실적 인식 차이 때문에, 양극화된 태도의 대립이 다른 어느 조직의 은퇴 양상보다도 심각하게 나타나는 것 같다.

일반 직장에서의 은퇴는 그 직장만 떠나면 된다. 그러나 목회자의 은퇴는 맡고 있던 교회의 담임 목사직을 내려놓고 교회 즉 직장만 떠나는 것이 아니라 한 교회에 집중하고 살던 모든 것을 등지고 낯선 곳으로 보금자리까지 옮겨야만 한다. 은퇴하는 목회자가 살 집은 시무하던 교회에서 멀리 떠나야 함을 법칙으로 정한 교단도 있는 것처럼 시무하던 교회에서 멀리 떠나가야 하는 것은 무언의 원칙이 되었다. 한 마디로 평생 몸과 마음을 바쳐 목회한 교회에 나갈 수가 없다. 이것은 법으로 규정된 사항은 아니다. 그러나 은퇴한 목회자 부부에게 천형인 불문율로 그렇게 해야 하는 것이 현실이다. 누가 오지 말라고 했느냐는 자체의 질문 앞에 보이지 않는 어떤 규례가 그것을 억지스럽게 한다.

나 자신도 시무하던 교회에 떳떳하게 나아가 앉아 예배드리는 것이 좋기보다는 마음이 무겁고, 심지어는 불편하기까지 하다. 그러니 주일마다 시무하던 교회에 나가도 불편하고, 다른 교회로 가자니 그것 역시 마음이 내키지 않고, 집에서 영상으로 예배를 드리자니 예배답지 못함도 사실이고 개운치 않다. 그래서 그런지 주일이 오는 것이 그리 반갑지만은 않고 아쉬운 마음이다.

나의 할아버지께서 평생 사역하시던 교회에서 은퇴하셨을 때에 있었던 일이 생각난다. 주일이 되었는데 할아버지께서는 당신의 서재에서 홀로 예배 드리시는 것을 목격했다. 나는 너무 놀라서 할아버지께 여쭈어보았다. 할아버지의 말씀인즉 이러했다. 어느 교회를 가든지 담임목사님이 할아버지를 알아보고는 축도를 부탁하기도 하고, 또 인사도 시키고 했는데 그것이 담임 목사님께 폐를 끼치는 것 같아서 홀로 예배를 드리신다고 하셨다.

그때는 그것이 이상하게 들렸다. 그런데 은퇴하고 보니 할아버지께서 그렇게 하셨던 일이 이해되고도 남는다. 할아버지께서는 우리 교단의 총회장을 하셨기에 모르는 목사님이 별로 없으시고, 또 교단의 한참 선배이신 목사님이 예배를 드리러 간 것이 담임목사에게 부담이 될 수 있다는 생각이 들었다.

솔직히 말해 젊은 시절 전부와 맘과 몸과 재물까지 드려 이루어 놓은 내 손때와 내 숨이 머문 곳에서의 든 정은 그 어떤 말로 설명할 수 있을까. 그런 교회를 자의가 아닌 정해놓은 불문의 원칙으로 떠나야만 하는 것이 얼마나 힘이 들고 마음이 아픈지는 겪어보지 않으면 알 수가 없다.

그동안 사귀었던 교우들과의 모든 교제를 끊어야만 한다. 목회자는 그나마 동료 목회자가 있으니 다행이다. 그러나 목회자 부인은 남편의 목회 시절에 있는 불문의 원칙인 성도들과의 관계에 대해 불가근불가원(不可近不可遠)을 지키며 살았기에 친한 교우도 사실은 없다. 그나마도 은퇴와 함께 관계는 다 없어진다. 일반 성도들은 교회 안에서 맺은 성도 간에 친분과 사랑으로, 가족이나 친지의 도움 없어도 성도의 교제로 남은 생을 함께 나누며 외로움에서 벗어나기도 한다. 그런데 목회자 부부는 일반 성도와는 상황이 전혀 다르다.

또한 목사 아내는 내조와 함께 교회에 집중하여 살아서 그런지 세상의 친구들은 하나씩 둘씩 다 떠나가 버려 세상의 친구도 없다. 가족과의 관계도 조금은 아웃사이더에 서 있었기에 가족과의 관계도 서먹서먹하다. 그렇기에 은퇴한 목회자의 아내는 관계의 부재 속에 외로움이 극에 달하게 된다. 그래서 그런지는 몰라도 목회자 아내들의 수명이 목회자보다 평균적으로 4~5년 짧은데 이러한 것들이 원인 중의 하나는 아닐까?

이러한 일이 젊었을 때 겪는 것이라면 조금은 쉬울지 모른다는 생각이 든다. 나이 들어 이제는 홀로서기가 조금은 힘든 시기로 접어 들어가는 때이기에 낯선 곳에서 낯선 사람과의 만남은 두려움을 가져다준다.

또한 목회자 아내들은 대체로 자신의 모든 취미나 욕망을 다 버리고 남편의 목회를 돕는 것으로 살아왔기에, 자신이 좋아하는 것이 무엇이었는지, 취미는 무엇이었는지, 하고 싶은 것이 무엇인지 다 잊거나 사라졌다. 은퇴 후에 무엇을 하기에는 아무것도 생각이 나질 않는다.

은퇴 이후에 관해 쓴 내 글을 내 남편 목사가 보고는 하는 말이 '글이 너무 신세 한탄처럼 보여 어둡다'라고 하면서 좀 밝게 생각할 수 없느냐고 한다.

남편의 말이 맞는 말이지만 모두가 다 사실이라는 점이다. 남편의 말도 간과할 수 없고 또 마음을 바꾸어야 하는 것은 마땅하기에, 밝은 생각을 하려고 노력하는데 이런 생각이 난다. 은퇴를 맞은 사람에게 필요한 것은 노년기의 목표를 새롭게 설정하는 일이라는 생각이다. 인간 발달 단계마다 성취해야 할 과업이 다르듯이, 은퇴 목회자가 겪는 심리적 어려움은 인생의 또 다른 새로운 세계로 들어가는 과정이며, 인생의 새로운 과업을 성취해 가는 한 부분이다.

하나님께서 목회 과정에 어려움뿐 아니라 모든 삶에 개입하시고 돌보신 것처럼 우리가 천국 가는 날까지 계속될 것이므로, 이제는 이 땅에서 삶의 노력은 그치고 저 하늘나라에서의 삶을 위해 준비하라고 주신 기회다.

며칠 전, 밝은 생각만 하도록 하나님께서 첫눈을 첫눈답지 않게, 마치도 나를 위한 것인 양 많이 내려 주셨다. 지금까지 지켜

주시고 여기까지 오게 하신 하나님 은혜가 떠오른다. 한 마디로 은퇴 후의 삶은 덤으로, 보너스로 얻은 삶이다. 그러니 이제부터는 지나간 날들에 대한 미련이나 애착은 버리고 하늘나라 갈 준비로 살아야 함을 느낀다.

그렇게 하려면 다른 것은 생각하지 말고 나에게 오직 영원한 나라에서 만날 주님께 칭찬 들을 일만 해야 함을 마음 깊이 다짐한다.

[20241202]

늙어보면 알아

내가 요즘 가장 깊이 느끼는 것이 있다. 그것은 세상 모든 학문이나 지식은 스승을 통한 가르침과 도서관에 있는 서적을 통해 다 얻을 수 있지만 그것으로 얻을 수 없는 것이 하나 있는데 그것이 늙음에 대한 지식이다. 물론 노인은 어린 시절과 젊음의 시절을 다 살아왔기에 젊은 사람의 마음을 어느 정도는 이해할 수 있다. 그러나 젊은 사람들은 아직 노인의 삶을 살지 않았기에 노인에 대한 이해도가 적을 수밖에 없다. 아무리 많은 학문을 통해 배우고, 심리학, 철학 등을 통해 늙음이 무엇인지 피상적이고 상투적으로는 알았지만 늙음의 실제는 자신이 늙어봐야 알게 된다는 것을 실감한다. 아무도 가르쳐 주는 사람 없는, 아니 가르칠 수 없는 늙음이라는 단계는 세월만이 가르쳐 주는 영원한 진리다. 다시 말해 늙음의 진리는 오직 늙어봐야만 아는 지식이다.

세월만이 가르쳐 주는 이 진리는 아무리 발버둥이를 쳐도, 안간힘을 써도 아랑곳없이 찾아드는 이것은 엄니의 태를 통해 이 땅에 태어난 사람은 반드시 겪어야만 하는 필수과정이다.

늙었다는 말은 젊지 않다는 말이다. 그런데 이 말을 한마디로 줄여 말한다면 '젊잖다'라는 말이 된다. 유교 사상이 만연되어 있는 우리나라에서는 대체로 이 '젊잖다'라는 말은 주로 나이 지긋한 사람이 젊은 사람에게 하는 말로 칭찬에 가까운 뜻이 담긴 말이고 그렇기에 이런 말을 들으면 기분이 나쁘지 않다. 결국 억지스럽지만, 젊잖다는 말은 늙었다는 말이기에 이 말을 들으면 기분이 언짢아야 마땅하건만 싫어하지 않는다는 점이다. 우리는 대체로 아이러니하게도 늙음을 싫어하면서 젊잖다는 말은 좋아하는 모순을 가지고 있다.

하루는 24시간이라는 것은 동서고금에 한결같은 원리다. 그리고 시간은 그 어떤 것에 방해도 받지 않고 너무도 도도하게 같은 속도로 가고 있다. 인간의 바램이나 원하는 것과 상관없이, 한 치의 타협이나 측은지심도 없이 유유자적하게 가는 것이 세월이다. 어떠한 핑계나 구실로도 가는 시간을 조금이라도 늦추거나 빠르게 하거나 멈추게 할 수 없다는 것을 모르는 사람 없지만, 늙으면 누구나 냉정하고 쓸쓸한 현실을 실감하며 살아온 날에 대해 아쉬움을 가진다.

시간은 나이와 같은 속도로 간다고들 말한다. 30대는 30마일로 가고 40대는 40마일, 60대는 60마일이란다. 그런데 내가 느끼는 속도는 항상 빠른 과속이다. 요즘은 언제 시간이 가는 줄 모르게 가는 느낌이다. 새해인가 했더니 오뉴월이고 어영부영하다 보니 가을이고, 연말이다. 옛 어른들에게서 자주 듣던 말이 귓가에 맴돈다. "너희들도 늙어 봐라", "인생은 잠깐이야"라는 등의 말이 새삼스럽다. '늙으면 서럽다'라는 말도 많이 들어왔다. 이 말에 어떤 사람은 남이 살다가 늙은 것이 아니고 자신이 살다가 늙은 것을 가지고 그렇게 말한다고 약간은 핀잔 투로 말하기도 했다. 나 역시도 늙으면 서럽다는 말이 조금도 이해가 되지 않았다. 그런데 나도 늙었음을 증명이라도 하듯 그 말이 이해될 뿐만 아니라 약간은 서럽게 느껴진다. 세월이 흐를수록 세월만큼 그 말이 무슨 뜻인지, 왜 그렇게 말하는지 더 잘 알게 되는 것 같다.

왜 서운한 것이 많은지…
왜 자꾸 옛날이야기를 하는지…

왜 한 이야기 또 하고 또 하는지…

노인만이 갖는 정서나 마음, 그리고 삶에 관한 생각 등은 노인이 아니고는 알 수 없다는 것을 절실히 깨닫게 된다. 그래도 열심히 살아서 자기 성취가 있는 사람과 허송세월로 살아서 자기 성취가 없는 사람과는 모든 것에 차이가 있을 것이다. 있어야만 한다. 그러나 어찌 살았든지 늙는 것은 같고 후회가 되는 것 역시 정도의 차이가 있을 뿐 '조금만 젊었으면…' 하면서 젊음을 그리워하기도 한다.

버나드 쇼의 묘비명에 "우물쭈물하다 내 이렇게 될 줄 알았지"라고 쓰여 있다는 말에 깊은 공감이 간다. 우물쭈물하다가 10년이 지나고 또 10년이 지나고 그러다 보니 어느새 70이 된 것을 보면 정말 실감 나는 말이 아닐 수 없다.

'우물쭈물'하며 그렇게 살아온 날들 속에는 헤아릴 수 없이 많은 희로애락이 점철되어 있다. 부모 밑에서 사랑받으며 철없이 살았던 어린 시절을 거쳐 무엇이든 할 것만 같은 자신감 속에서 살았던 사춘기 시절을 지나 교만의 극치를 달리며 당당하던 청년 시절, 그리고 결혼과 함께 새롭게 시작된 인생살이가 지금까지 이어지고 있음을 생각하면 이 모든 것이 은혜였다. 그때는 몰랐다. 그런데 지금은 모든 것이 주님의 섭리였고 은혜였음을 더 깨닫게 된다.

마음이 아파 죽을 것만 같았던 일도 있었고, 너무도 기뻐서 어찌할 줄 모르게 뛰던 일도 있었고, 몸이 아파 요단강 앞에까지 갔다가 돌아온 일도 있었다. 이러한 모든 것들의 쌓임이 오늘의 나를 존재하게 했고 또 지금의 내가 있다.

이제 얼마를 더 살지는 오직 주님만 아신다. 그러나 분명한 것은 산 날이 살날보다 많다는 점이다. 그리고 이 나이는 일에서 빠져나와 쉬라는 나이이다.

남편의 은퇴와 함께 찾아온 노년. 이제는 덤으로 사는 인생이다. 그러니 인생에서 내가 할 일은 이제 없다. 하고 싶었으나 하지 못했던 많은 일들을 이제는 포기해야만 한다. 아니 형식적인 포기가 아닌 완전히 내려놓아야만 한다. 그것이 아쉽다. 그것이 서럽다. 그래서 안타깝다.

안타깝든 서럽든 지금부터 내가 할 일이 무엇인지 확실히 알 것 같다. 사는 날 동안에 하지 못해 안타까웠던 모든 것들은 다 내려놓고 이제는 내가 가야 할 영원한 집을 열심히 준비해야만 한다. 가는 길에 필요한 것을 챙기는 일이 더 중요하다. 아버지 집에 다다를 때까지 필요한 것들을 준비해야 한다. 나를 반갑게 맞이할 아버지를 만나기 위해 아버지가 원하시는 것을 준비해야만 한다. 오직 아버지께 기쁨을 드려야만 한다. 이 땅에서의 모든 것 아쉬움은 다 뒤로 하고 그것만을 위해 달려가리라.

늙음을 서러워하지 말아야 함을 느낀다. 백발은 노인을 상징하는 말인데 백발은 영화의 면류관이라고 성경에서 말하고 있다. 노인이 될수록 지혜와 명철함이 더 하면 좋겠다. 그렇게 생각하니 이 땅에서의 하루하루가 귀하기만 하다. 그렇기에 허송세월 보내면 안 된다. 우물쭈물해서도 안 된다.

나의 후손에게 신앙인으로서 본이 되는 모습을 남겨준다면 최고의 삶을 산 사람일 것이다. 그렇게 마지막을 보낼 수 있다면 여한 없는 삶을 산 것일 테니까 이제부터라도 하늘나라에 갈 만반의 준비를 하자. 그것이 이 늙은 시절에 할 일이다.

그렇게 해야 함을 너무도 잘 알면서도 인간의 욕심과 죄업 때문에 그것이 그리 쉽지 않다. 그러나 더 노력하며, 더 성실히, 주님과 교제하며 하루하루를 살아간다면 주님 마음에 들 뿐만 아니라 노년의 삶을 제대로 사는 것이리라.

[20240902]

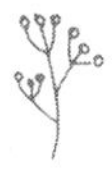

떠난 자리가 아름답게

이제 37년의 긴 목회 여정이 끝날 날이 점점 더 선명하게 눈에 보여온다. 지나간 37년을 되돌아보니 눈 깜짝할 사이처럼 짧았던 것 같은데 크고 작은 수많은 일이 있었던 것을 보면 그리 짧은 기간은 아니었다. 나이 30세에 이곳에 와서 칠순을 바라보는 나이가 되었으니 내 짧은 생의 반 이상을 이곳에서 보낸 셈이다.

그렇게 살아온 날 동안 별 사고 없이, 건강하게 여기까지 인도하신 에벤에셀의 주님께 감사를 드린다. 그리고 지금도 임마누엘 되셔서 함께 하시고 저 천국까지 인도하실 것이니 감사 외에 무슨 말을 더 할 수 있을까? 다만 마지막이라는 말이 아쉬움의 긴 여운을 남긴다.

은퇴(隱退)를 한자로 해석한다면 은(隱)자는 '숨기다, 닫다, 떠나다'의 뜻이고, 퇴(退)는 '물러나다, 떠나다'의 뜻이 있다. 그것을 붙여서 말한다면 은퇴란 '직임과 사회활동에서 손을 떼고 물러나 한가로이 지냄'을 의미한다. 영어로는 리타이어(retire)라고 하는데 마치 타이어를 새로 갈아 끼는 것같이 삶의 새로운 장으로의 갈아타라는 것이다. 그렇게 보면 은퇴는 한 장(章)의 끝이지만 또 다른 장(章)의 시작이기도 하다.

한자의 의미와 영어의 의미를 함께 생각해 보면 은퇴란 지금까지의 분주한 모든 활동에서 물러나 살아온 날과 다른 삶을 새로 조명하며 남은 삶을 보람있게 보내는, 정말 타이어를 갈아끼는 시기다. 그렇기에 여기서 멈출 수 없고 또 다른 삶을 열심히 살아야 함을 느낀다.

은퇴를 즈음하여 그동안의 여정을 돌아본다. 아쉬움이 없다면 거짓말일 것이다. 지나온 37년의 많은 일이 주마등처럼 스친다. 희로애락의 많은 날이 이제는 추억거리가 되어간다. 성도 마음속에 그리고 내 마음속에 서로가 그립고 고마움으로 남는다면 얼마나 좋을까?

동서고금을 통해 셀 수 없을 만큼 많은 사람이 이 지구에서 살다 갔다. 그 많은 사람 중에서 사람들의 기억 속에 있는 사람은 얼마나 될까? 호랑이는 죽어서 가죽을 남기고 사람은 죽어서 이름을 남긴다는 말이 있다. 이 말은 좋은 사람으로, 닮고 싶은 사람으로 그 이름을 남긴다는 말일 것이다.

한 사람이 떠난 뒤에 그 자리에 남긴 흔적을 보면 그가 어떤 사람이었는가를 보여준다. 아름다운 사람은 머문 자리도 아름답다는 말은 참으로 명언이다. 이 말은 떠난 후에 그 가치가 더 빛남을 의미한다. 어떤 자리, 무슨 직분과 직책을 맡았는지보다는 그 자리에 어떤 흔적을 남겼는가, 무슨 일을 했는가가 더 중요하다. 머물렀던 곳에서 성실과 진실로 살았던 사람은 떠난 후, 그가 머물렀던 빈자리가 더 커 보이고 그 사람의 인품을 알 수 있다.

목회 37년 동안 수많은 부교역자가 다녀갔다. 그들 중에는 지금도 서로 소식을 나누며 교제하는 교역자가 있는가 하면 이름 석 자도 잘 기억되지 않는 교역자도 있다. 또한 떠난 후에 좋은 이미지를 남긴 교역자가 있는가 하면 떠나간 후에 잘못이 드러나 우리를 씁쓸하게 만든 교역자도 있다.

음식도 먹고 나서 뒷맛이 더 좋아야 하듯이 사람도 마찬가지다. 아무리 낮고 보잘것없는 자리에 머물렀던 사람이라도, 떠난 후에 떠난 것이 아쉽고 귀한 사람으로 남아야 한다. 머물던 곳에서 떠날 때 보내기 싫고, 떠나 있어도 안부가 궁금하고, 아쉽고 보고픈 사람이라면 어느 자리에 앉혀 놓아도 손색이 없고 그가 떠난 자리에는 향기가 남을 것이다. 그러나 비록 높고 중요한 자리를 차지하였던 사람이라도 망가뜨린 과업이나 탐욕스러웠던 행적이 남아 있어 비난과 혐오를 받는다면 그 사람이 떠난 자리에는 악취만이 풍길 것이다.

나의 엄마는 어디를 가든지 그곳을 떠날 때는 자신이 있던 자리를 한번 돌아보라고 늘 말씀하셨다. 그래서 나도 모르게 그렇게 하는 습관이 생겼다. 좁게는 날마다 앉았던 자리를 말하지만 넓게는 인생에도 해당하는 말임이 연륜이 쌓일수록 더 중요하다는 생각이 든다.

우리의 삶은 무수히 많은 자리에 머물렀다가 떠나는 일의 반복이다. 그렇기에 자신이 머물렀던 자리를 되돌아보는 것은 매우 중요한 일이다. 머문 자리가 앞모습이라면 떠난 자리는 뒷모습이다. 혹자는 사람은 앞모습보다 뒷모습이 더 아름다워야 한다고 한다. 어느 시인의 시구처럼 '타인에게만 열린 또 하나의 표정인 뒷모습'은 고칠 수도 없고, 거짓말을 할 줄 모른다. 뒷모습은 얼굴처럼 꾸밈이 없기 때문이며 자기 눈으로는 절대로 확인되지 않는 오로지 타인에게만 열린 또 하나의 모습이 뒷모습이기 때문이다.

결국 어디에서도 떠나고 난 후에 보이는 가치가 진정한 가치일 것이다. 다시 말해 한 사람에 대한 진정한 평가는 그 사람이 사후에 나타난다. 어떤 사람은 살아 있을 때는 별로 알지 못했는데 떠난 후, 혹은 사후에 그 사람의 가치가 더욱 빛나기도 한다. 반대로 생존엔 존경받았던 사람이었는데 타계한 후에 비난과 지탄의 대상이 되어 그 사람에 대해 실망하거나 나아가 배신감마저 느끼는 경우도 많이 보았다. 그 사람에 대한 신뢰와 존경과 이루어 놓은 업적까지 씁쓸하게 남기도 한다.

살아있을 때와 죽고 난 후가 똑같을 수는 없다. 어쩌면 있을 때보다 떠난 후의 평가가 더 진솔한 것이고 더 객관적인지도 모른다. 그렇기에 얼마나 오래 살았느냐보다는 어떻게 살다 갔느냐가 더 중요하다.

그러므로 인생은 시작보다 끝이 좋아야 한다. 맞는 말이다. 머물렀다 떠난 자리가 아름다워야 한다. 이 세상에 태어나서 사는 사람은 반드시 떠날 때가 오는 것처럼 어디서든 왔다면 반드시 떠날 때가 있음을 모르지 않건만 그것을 생각하지 못하는 미련함이 있다. 그것을 생각하며 산다면 마치 시험을 앞둔 학생이 시험 준비를 하는 것처럼 정직하고 지혜롭고 현명하게 살려 했을 것이다.

시계 초침 소리가 요란하게 들린다. 무엇이든지 초읽기에 들어가면 시간이 더 빠르게 감을 느낀다고 하는데 실감하는 시간이다. 내 인생의 거의 반인 37년의 긴 세월 동안 머물렀기에 솔직히 아쉬운 마음을 말로 다 할 수는 없다. 다만 떠난 자리가 아름다운 사람으로 남고 싶을 뿐이다. 내가 떠난 후 떠난 자리가 깨끗하고 아름다웠으면 좋겠다. 생각해 본다. 나는 37년간 항상 최선을 다하며 어떤 성도든지 친절하고 자애롭게 한결같은 자세로 대했는가. 혹 나로 인해 맺혔던 것이 있다면 풀어 버리고 가볍게 가고 싶다. 어디에서나 내가 떠난 후 내가 머물던 자리에서 주님의 향내가 날지언정 악취가 나지 않았으면 하는 간절한 바람이다. 훗날, 이 땅을 떠난 후 내가 있던 자리에서는 주님의 향기가 은은히 풍긴다면 얼마나 좋을까?

[20211105]

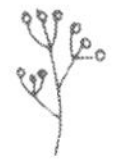

마지막이라는 것은

미국의 한 대학에서 대학생 52명을 대상으로 초콜릿 시식 실험을 했다. 한쪽 그룹에는 '다음 초콜릿은'이라고 말하면서 연달아 초콜릿을 주다가 5번째에는 '이번이 마지막 초콜릿'이라고 말을 하면서 주었고 다른 그룹에는 마지막까지도 '다음 초콜릿은'이라고만 말하고 주었다.

그러자 '마지막 초콜릿'이라는 말을 들은 그룹은 초콜릿 종류에 상관없이 마지막에 먹은 것이 가장 맛있었다고 답한 비율이 64%나 됐다는 이른바 마지막 효과(ending effect)라는 연구 결과를 심리과학지에 발표한 바 있다.

또한 대학교수들은 일반적으로 학기 말 마지막 시험에서 학생들에게 점수를 잘 준다고 한다. 면접관들도 마지막에 본 지원자에게 마음이 더 가는 것으로 알려져 있다.

이처럼 마지막이라는 것은 밝은 것은 더 밝고 약한 것조차 강해진다고 한다. 전구가 끊어지기 직전 더 강한 불빛을 내는 것을 본 적이 있다. 저녁노을이 더 붉고 더 강한 것은 태양의 마지막 인사이기 때문이라고 하는 것처럼.

하루의 시작을 아침이라 한다면 마지막은 밤이다. 그런가 하면 일 년의 시작이 1월이라면 마지막은 12월이고, 인생의 시작이 태어나는 것이라면 마지막은 죽음이다. 이처럼 좁은 의미의 마지막도 있고, 넓은 의미의 마지막도 있다. 또한 좁게는 어떠한 일이든 시작이 있으면 마지막이 있다. 어떠한 일이든지 그 일이 끝나는 시점이 마지막이며 동시에 시작이다. 그러고 보면 모든 행동 하나하나가 다 처음이고 마지막이다. 마지막이라는 단어처럼 의미 있는 단어는 없다. 끝을 의미하기 때문이다. 어떠한 상황에서든지 마지막이라는 말이 붙어 있으면 숙연하다. 마지막이라는 말은 섬뜩한 마음을 선물해 준다. 마지막이라는 단어는 사전에서 명기하듯 뭔가 비장한 느낌이 드는 단어이다. 마지막 수업, 마지막 만찬, 마지막 인사, 마지막 잎새까지…

마지막이라는 것은 그야말로 다시 볼 수 없고, 다시 느낄 수 없고, 다시 만날 수도 없다. 그렇듯이 '다시'라는 말이 존재할 수 없는 것이 마지막이다. 그래서 슬프다. 그래서 아프고 안타까운 것이 마지막이다. 그렇기에 마지막은 기억에 남는다. 죽을 때 마지막으로 하는 말인 유언을 기억하지 못하는 자녀가 없는 것과 같다.

딸이 미국에서 유학할 때의 일이 떠오른다. 혼자서 자취하며 지내는 딸에게 다녀오곤 했다. 만날 때는 그렇게도 반가워서 좋지만 떠날 때는 늘 눈물이 앞을 가렸다. 해야 할 일을 거의 마치고 떠났다가 또 올 것이 분명하건만 헤어짐은 싫은 것이니 딸은 떠나기 전날에는 밤이 깊어가도 자려 하질 않았다. 그것은 자신이 잠을 자지 않으면 내일은 안 오고 오늘이 계속될 것이기 때문에 엄마가 한국으로 돌아가지 않는다는 자기 나름의 억지였다. 그러나 그것은 엄마가 떠나지 않기를 바라는 애절한 눈물의 표현이었다.

그럴 때마다 만일 이것이 정말 마지막이라면 얼마나 슬플까 생각해 보기도 했다. 그러나 다시 만날 것이 분명하고, 그래서 이 만남이 마지막이 아닌 다음의 만남을 기약하고 떠나는 것이지만, 이 밤이 지나면 나는 떠날 것이므로 역시 마지막의 의미가 있는 밤이었다. 얼마 후에 또 딸을 만나러 올 것이므로 슬픔도 잠시뿐이지만, 만일 이 땅에서 다시는 못 만날 것이라면 헤어짐이 무척 힘들었을 것이다.

가까운 사람이나 지인과 만났다가 헤어질 때 이 만남이 마지막이라면 헤어지기 무척 어려울 것이다. 아니, 만나고 싶지 않을지도 모른다. 그러나 잠재의식 속에 우리는 또 만날 것이라는 생각이 있기에 웃으면서 헤어지고 또 만난다.

10년 전에 천국으로 이사하신 내 엄마께서 돌아가시기 전날, 병원으로 가시면서 다시 못 돌아올 것을 예상이라도 하신 듯이 여느 때의 외출과 다르게 현관문 앞으로 가시다가 한참 동안 몸을 뒤로 돌이켜 물끄러미 집안 전체를 돌아보시던 그 모습이 지금도 눈에 선하다. 엄마의 눈길이 그렇게도 쓸쓸하고 슬퍼 보일 수가 없었다. 아마도 마지막이라는 생각을 하신 것 같다.

이 외에도 내가 사는 동안에 마지막이라는 말을 실감한 일은 여러 번 있었다. 학교를 졸업할 때, 교사직을 마치고 학교를 떠날 때 또는 결혼하여 친정집을 떠날 때 등.

그러나 마지막이라는 말을 가장 마음 깊이 느끼고 실감했던 일은 남편의 목회 은퇴였다. 남편은 2021년 12월을 마지막으로 40여 년간 목회 일정의 대장정을 마쳤다. 40여 년 동안 있었던 희로애락의 일들이 주마등처럼 스쳤다.

하나님의 섭리와 은혜로 마쳤기에 감사밖에 할 말은 없다. 주님 보시기에 어떠했는지 그것이 가장 궁금하고 기대도 되고 염려도 된다. 그날에 주님으로부터 '착하고 충성된 종'이라는 칭찬은 못 들을지언정 '악하고 게으른 종'이라는 말은 결코 들어서는 안 되겠기에 마음이 무겁다. 이제는 정말 내 생애의 마지막을 생각하며 좀 더 세월을 아끼며 주님 만날 준비에 최선을 기울여야 한다.

'무슨 일이든 마지막처럼 생각하고 하라'는 말을 흔히들 잘 사용한다. 이 말이 주는 의미는 최선을 다하라는 뜻이 내포되어 있다. 그렇다고 늘 마지막을 상기하며 살 수는 없다. 그러나 마지막처럼 순간순간을 살아간다면 아무렇게나, 허송세월 보내며 살지는 않을 것이다.

오늘을 마지막처럼 사는 사람에게는 내일을 염려할 일이 없고, 용납하지 못하거나 용서하지 못할 일도 없다. 오늘을 마지막처럼 살면 욕심이 없을 것 같다. 모든 것을 내려놓고 마음을 비웠기 때문에 마음이 평안할 것이다.

지금의 나는 어떤 하루를 살고 있는가? 하루를 처음 맞는 것처럼, 매사에 하나님을 인정하면서 하루하루를 마지막처럼 살아야 한다. 끝을 생각하는 습관은 어떤 순간에는 큰 힘이 된다.

이 밤이 나에게 마지막이라면 잠을 잘 수 있을까? 지금 먹는 음식이 내 생애 마지막 먹는 음식이라면 맛있게 먹을 수 있을까? 어쩌면 마지막이 언제일지 모르고 있는 편이 더 나을지도 모른다는 생각이 든다. 그러나 무슨 일이든 이 땅에서의 일은 무슨 일이든 시작이 있으면 반드시 마지막이 있다. 그렇기에 마지막까지 잘 달려야 한다. 그래야 유종의 미를 거둔다.

유종의 미라는 말은 마지막까지 최선을 다하라는 말이다. 어쩌면 마지막이 좋으면 과정이 조금 안 좋았어도 좋은 것으로 평가된다. 달리기도 마지막까지 완주해야만 한다.

먼 길을 운전할 때, 안전하게 운전하여 달렸는데 목적지 거의 다 와서 사고를 내는 경우가 많다고 한다. 그래서 마지막이 중요하다. 마지막까지 잘해야 한다. 아니 마지막처럼 과정도 그렇게 해야 한다.

일 년 365일 중에 맨 마지막 달의 마지막 날인 12월 31일만큼 의미 있게 여기는 날이 또 있을까? 새로운 기대와 포부로 맞은 2022년도 마지막 달을 맞았다. 마지막이 있기에 또 새로운 한 해를 기대감 속에 맞을 것이다. 금년도 마지막 날까지 최선을 다해 살다 새해를 새롭게 맞고 싶다.

마지막으로 마지막의 세 글자로 삼행시를 지어 본다. 〈마〉 마지막이라는 것은 〈지〉 지금까지 하던 것의 〈막〉 막을 내리는 것이다. 시작이 있었기에 끝이 있는 것처럼 이 글도 시작이 있었기에 마지막이 있다. 지금이 이 글의 마지막이다. 그것이 글이든 무엇이든 새롭게 시작될 그것이 기대된다.

[20221202]

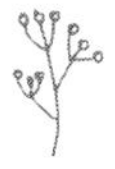

죽음에 대한 소고

겨울이 문턱에 들어서는 작년 늦가을 어느 날. 내 아버지는 이 땅에서의 임무를 다 마치시고 하늘나라로 가셨다. 그날은 마침 아버지께서 100세를 맞이하는 태어나신 날, 생신이었다. 어쩌면 태어나신 날이 돌아가신 날이었으니 한해의 날을 다 채우고 가신 셈이다.

아버지의 죽음은 돌아가신 직후에는 너무도 감당하기에 벅차서 그랬는지 실감이 나질 않아 그저 멍하기만 했다. 그런데 시간이 흐를수록 점점 더 아버지의 부재가 느껴지고, 상실감이 나를 힘들게 할 뿐만 아니라 인생과 죽음에 대한 많은 생각이 내 마음에서 떠나질 않는다.

이제 내 나이가 고희가 되었건만, 인생과 죽음에 대해 무엇을 안다고 말할 수 있을까? 알 것 같으면서도 모르겠다는 것이 정답인지도 모른다. 풀잎에 맺힌 이슬 같은 것이 인생이라 말하듯이 그렇게 허무하게 사라지는 것 즉 죽음에 이르는 것이 인생이라는 말이다.

피상적으로 그리고 막연하게 '사람은 반드시 죽는다'라는 것을 모르지도 않았고, 절대로 부정하지도 않았으나 실제로 나의 부모님은 그것에서 예외라고 생각했던 것 같다. 에덴동산에서 타락한 이후 모든 사람에게 죽음은 필연적인 것으로 누구나 피할 수 없기에 이 죽음 앞에 대소의 차이가 있을망정 두렵지 않은 사람 또한 없을 것이다. 사실, 다른 사람은 다 죽어도 자신은 안 죽을 것처럼 스스로 속이며 또 속아 잠시 잠깐 죽음을 잊고 사니 살 수 있는 것인지도 모른다.

죽음이 무엇일까? 한 마디로 죽음은 단절이고, 갈라지는 것이고, 소외되고 고독한 것이다. 죽음은 마침표이지만 믿음의 사람은 저 하늘에서의 삶을 기약하기에 전체의 마침표가 아닌 한 단락, 이 땅에서의 마침표다. 그러나 이 땅에서의 마침표인 죽음은 살아온 모든 것과의 단절이기에 그것이 힘들고 괴로운 것이다.

죽음은 아무리 사랑하는 사람도 또 아무리 힘들게 한 사람도 이 땅에서는 끝이다. 더 이상 볼 수 없다. 그렇기에 죽음을 맞이

한 사람은 두렵고 떨리지만, 그 죽음을 보는 자도 두려움과 함께 슬프고 고통스럽다.

죽음은 사랑하는 사람을 잃는 것이기에 거기에 따른 상실감과 허전함 그리고 아픔이 뒤따르고, 죽음 후의 세계에 대해 무지가 주는 공포와 두려움이 우리를 힘들게 한다.

정신분석학자 프로이드는 "인간은 평생 죽음에 대한 두려움을 심리적으로 안고 살아간다"라고 했다. 이처럼 인간이 갖는 최고의 두려움은 죽음이다. 죽음은 모든 인간에게 최고의 두려움을 준다. 우리가 이 세상을 살면서 병, 가난, 전쟁, 기근, 천재지변 등을 두려워한다. 그러나 그 두려움은 두려움 배후에 있는 죽음에 대한 두려움이 더 크기 때문인지도 모른다.

그런가 하면 성 어거스틴은 자신의 친구가 죽은 뒤에 자신의 참회록에 이렇게 기록했다. "착찹한 생각이 나를 둘러쌌다. 죽음에 대한 두려움이 나를 무겁게 억누르고 있다"라고.

죽음의 두려움을 극복하려 하기보다는 생각하지 않으려고 회피하거나, 사람에 따라 체념을 낳기도 하고, 혐오를 낳기도 한다. 그러나 믿음의 사람은 이와는 달라야 한다. 한 인간으로 태어나게 하신 조물주의 특별한 뜻이 숨어있기 때문이다. 그렇다면 그 뜻을 찾아 뜻대로 살다가 죽음을 맞이해야 한다. 우리가 이 땅에서 선한 싸움과 믿음의 경주를 잘 마친 죽음이라면 두려움이 없을 수는 없겠지만 덜 할 것이다.

그리고 믿는 자는 죽음 후에 그렇게도 사모하던 주님을 만날 것이니 그 소망으로 죽음을 두려워하지 않아야 한다. 그렇기에 죽음을 맞이할 준비를 하는 것은 죽음이 필연이듯이 그 또한 필연이다. '산다'는 것과 '죽는다'는 것은 말은 다르지만 같은 내용인지도 모른다. 왜냐면 우리가 살아가는 것 자체가 죽음을 향해 가고 있는 것이니까 말이다.

죽는 것을 가리켜 소풍을 마치고 돌아가는 것이라고 말한 한 시인이 있다. 어린 시절 소풍날엔 즐겁게 보내다 시간이 흘러 소풍을 마치고 집으로 가는 귀갓길이 그렇게도 아쉬웠던 기억이 있다.

이와 마찬가지로 아무리 이 세상이 좋다 해도 내가 가야할 곳은 분명히 이 땅과는 비교가 되지 않을 곳이기에 죽기 싫은 마음이기보다는 가야 할 곳에 대한 소망으로 살다가 죽음을 맞아야 한다. 결국 잘 산 인생이 잘 죽는 것이다. 어쩌면 삶과 죽음은 동전의 양면과 같은 것으로 같은 가치와 같은 성격이다. 그렇게 볼 때, 보람되고 훌륭한 인생을 산 사람만이 멋진 죽음을 맞는 것은 지극히 당연하다.

"내일 죽더라도 오늘 한 그루의 사과나무를 심겠다"라는 말이 생각난다. 이 명언은 스피노자가 했다고 알고 있었는데 마틴 루터가 한 말이라는 설도 있으니 잘 모르겠다. 누가 이 말을 했느냐보다 이 말의 내용이 지금 내게는 더 중요하다. 하루하루를 열심히 최선을 다해 살다가 죽음도 그렇게 맞겠다는 말이다. 맞는 말이다. 그러나 그것만으로는 만족할 수가 없다. 동물은 죽어서 가죽을 남기고 사람은 죽어서 이름을 남긴다는 데 내가 죽은 후, 내 이름을 떠올려 말할라치면 나에 대해, 내 이름 석 자에 어떤 말을 할 것인지 생각해 보게 된다.

목사의 아내로 한 교회에서 37년을 지내는 동안 여러 가지의 죽음을 보았다. 믿음 좋은 분들의 죽음은 주님 만날 기쁨에 차 있어서 그런지 그 얼굴 모습이 참으로 편안해 보이고 우아해 보이기까지 했다. 그런데 믿음 없이 죽음을 맞이한 사람의 얼굴은 정반대로 까칠해 보이고 힘든 모습이었다.

그러면서 나는 죽음 직전 어떤 모습일까를 생각해 보았다. 주님을 만날 기대 속에 웃으면서 여유 있게 죽음을 맞이할 수 있으면 좋겠다. 그러기 위해서는 평소에 주님을 더 사모하며 주님 마음에 드는 삶을 살아야 함을 절실히 느낀다.

늙음을 표현할 때 나는 곧잘 이렇게 말하곤 했다. 내가 아는 사람, 또 나를 아는 사람이 하늘나라에 많아지는 것이라고 말이다. 그러고 보니 나의 가장 사랑하는 부모님도 그곳에 계신다. 나의 어머니는 13년 전에, 나의 아버지는 석 달 전에 하늘나라로 가셨다.

시간이 가면 갈수록 부모님과 함께했던 일들이 새록새록 떠오른다. 부모님이 그립다. 엄마가 자주 부르시던 찬송도 혼자 불러본다. 아버지께서 자주 부르시던 "이 세상에 근심된 일이 많고" 찬송도 생각난다. 이제 나의 부모님은 그렇게도 그리던 주님을 만나 잘 살고 계실 것이다.

그리고 죽음은 반드시 내게도 있는 것이니까 언젠가는 나도 그곳으로 갈 것이다. 그때 나는 두려움 없이 주님 만날 기쁨으로 가득 차 있어야 하는 것은 두 말할 필요도 없다.

아무리 죽음이 두렵고 무섭더라도 우리 주님의 사랑과는 비교할 수가 없다. 성경 로마서 8장에서 사도 바울은 죽음보다 더 강한 것, 죽음도 끊어내지 못하는 것이 있는데 그것은 '예수님과 연결된 사랑의 줄'(39절)이라고 했다. 예수님의 사랑은 환난, 곤고, 박해, 기근, 적신, 위험, 칼뿐만 아니라 우리가 그렇게도 두려워하는 죽음도 끊을 수 없다고 확언하고 있으니까 말이다.

이 주님의 사랑 속에서 하루하루를 마지막 날처럼 열심히 살 수 있도록 주님께 기도한다. 그리고 그보다 더 중요한 것은 이 땅에서 죽어야만 저 하늘에서 영원히 살 수 있으니까.

[20250131]

저자 **장 경 애**

1955년 서울 출생
무학여자고등학교(29회)
숙명여자대학교 교육학과(문학사)
전 중학교 국어 교사
수필로 한국 문단 데뷔(2013)
수필집 <나는 남편이 없습니다>(2021)
빛과소금교회 최삼경 원로목사 사모
최삼경 목사의 37년 목회 내조

주님은 다 아시니까

초판 1쇄 발행 2025년 5월 10일
저 자 장경애
발 행 인 최삼경
발 행 처 도서출판 한국교회문화사
소 재 지 경기도 남양주시 퇴계원읍 도제원로, 32-2
등록번호 제300-1995-63호 / 1995. 4. 24.
전화번호 031-571-0191 / 빛과소금교회
02-747-1117 / 인터넷신문 〈교회와신앙〉
ISBN 979-11-992422-0-3

가격은 표지 뒤에 있습니다.
잘못 만들어진 책은 바꾸어 드립니다.